AF433922

100 EJERCICIOS Y JUEGOS

seleccionados de

FÚTBOL FEMENINO

(TECNIFICACIÓN, COHESIÓN Y PREVENCIÓN)

Carmen Serrano Cañadillas

David Blanco Luengo

Título: 100 EJERCICIOS Y JUEGOS SELECCIONADOS DE FÚTBOL FEMENINO
Autoras y autores: Carmen Serrano Cañadillas, David Blanco Luengo, José Fco. Wanceulen Moreno, Antonio Wanceulen Moreno

Editorial: WANCEULEN EDITORIAL
Sello Editorial: WANCEULEN EDITORIAL DEPORTIVA

ISBN (Papel): 978-84-18486-83-8
ISBN (Ebook): 978-84-18486-84-5

DEPÓSITO LEGAL: SE 2190-2020

Impreso en España. 2020

WANCEULEN S.L.
C/ Cristo del Desamparo y Abandono, 56 - 41006 Sevilla
Dirección web: www.wanceuleneditorial.com y www.wanceulen.com
Email: info@wanceuleneditorial.com

ÍNDICE

INTRODUCCIÓN

En las siguientes páginas se muestra una colección de ejercicios de distinta índole donde quedan recogidas numerosas actividades y tareas que los autores consideran como eficaces bajo el marco de un buen desarrollo físico, técnico-táctico y psicológico dentro de lo vivenciado en el fútbol femenino.

Es importante que el lector sepa que no sigue ninguna programación o linealidad en cuanto al diseño de microciclos, mesociclos o temporadas enteras. Dichos ejercicios deben ser entendidos como una propuesta para el trabajo concreto de los objetivos indicados en cada tabla.

Sin embargo, desde nuestros conocimientos futbolísticos y de preparación física, entendemos que todos los ejercicios deben moverse siguiendo una metodología global-analítica primando lo global. Esto es, utilizando ejercicios con situaciones aisladas basadas en la repetición de un gesto técnico para combinarlo con tareas que presentan situaciones reales modificadas del juego donde las acciones entrenadas estén integradas entre ellas y con los propios principios del juego. Todo ello orientado a la comprensión de la lógica interna o funcional del fútbol por parte de la futbolista para que pueda entender qué es lo que está haciendo, cómo, cuándo y porqué lo hace.

En el futbol, es de vital importancia el desarrollo de la percepción y actitud decisional de la jugadora. Es por ello por lo que dicha metodología busca alejar al futbolista de cualquier actitud autómata más allá de la buena ejecución de un gesto técnico. La jugadora entrenando debe aprender a percibir, decidir y ejecutar en periodos de tiempo muy breves y en situaciones totalmente distintas la una de la otra y todo ello más rápido que el rival para luego transferirlo al partido.

Por otro lado, este libro busca fomentar el aspecto psicológico sumándolo a las variables de percepción, decisión y ejecución anteriormente referidas. El fútbol es un deporte de equipo donde las emociones de una son, si no compartidas, trasmitidas como si de una cadena se tratase. Aspectos como la comunicación, la cooperación, la confianza o la distensión de un grupo y en definitiva la cohesión del mismo ha llevado a dicho conjunto de personas al más inesperado éxito o al más frustrante fracaso.

Por último, no podemos dejar pasar la oportunidad de defender el fútbol femenino como una actividad con un gran potencial y en constante desarrollo con una bonita identidad propia. Sin embargo, muchos ejercicios observarás que no distinguen de género. Es correcto. La idea que queremos transmitir es la de entender que el fútbol femenino ha llevado un ritmo distinto al masculino donde peculiaridades fisiológicas, sociales, económicas e incluso culturales que han de ser tratadas de forma distinta. Al menos, hoy por hoy. Por eso proponemos muchas observaciones y anotaciones donde el papel del entrenador o de la entrenadora es muy importante para manejar ese tipo de demandas dentro del, aun algo desconocido, mundo del fútbol femenino. Pero en ningún caso entendemos que haya "ejercicios para hombres y ejercicios para mujeres".

En definitiva, todo ello queda resumido en los 3 pilares para la constitución de un buen grupo: La tecnificación para una buena ejecución de las acciones técnico-tácticas; la cohesión grupal, pues conjunto no es sinónimo de unión; y el preventivo de lesiones pues sin un correcto y específico cuidado físico de las jugadoras los problemas llegan tarde o temprano incluso perjudicando el progreso personal de cada futbolista. Algo que por desgracia viven aun muchas niñas y mujeres por falta de medios y conocimientos en demasiados equipos.

ANEXO:

Tal y como mencionamos en algunos ejercicios, sobre todo aquellos que atienden al preventivo de lesiones, consideramos importante atender a las características hormonales, biomecánicas, anatómicas y fisiológicas de la mujer deportista. En este caso centramos nuestra atención en las lesiones de LCA pues es donde encontramos más bibliografía debido también a su mayor incidencia.

Es decir, ya de por sí es una lesión bastante común en deporte con cambios de dirección, giros o saltos, pero parece ser que los estudios actuales revelan una mayor incidencia en el caso de la mujer.

Este hecho multifactorial lo concretamos en un menor ángulo Q, que aumenta un mayor estrés medial en la rodilla, una menor activación de los isquiotibiales en favor de la musculatura extensora de la rodilla y una mayor plasticidad en los ligamentos durante la menstruación debido a una menor síntesis de procolágeno en dichos tejidos.

Por otro lado, también observamos diferencias debido a los sujetos que entrenan fuerza y los que no encontrando menor tendencia lesiva en ligas con mayor tiempo como profesionales con entrenamientos adecuados como puede ser en Estados Unidos con respecto a España.

Por todo ello, los ejercicios van encaminados a la ganancia de fuerza específica o útil para la transferencia al gesto deportivo, trabajos de propiocepción y estabilidad teniendo en cuenta las acciones de juego tradicionalmente más lesivas, desarrollo del core para una mayor estabilidad y fortaleza al correr y alguna muestra de tareas orientadas a la técnica de carrera orientado a corregir pequeños hábitos o patrones erróneos que provoquen un estrés innecesario en el cuerpo del individuo.

| | TECNIFICACIÓN | | | | | | | | | COHESIÓN GRUPAL | PREVENTIVO DE LESIONES |
| | ATAQUE | | | | DEFENSA | | | | | | |
	CONTROL Y PASE (1-20)	CONDUCCIÓN (21-32)	REGATE Y FINTA (33-34)	FINALIZACIONES (35-38)	PORTERO (39-46)	ENTRAR Y CARGAR (47-49)	ANTICIPACIÓN (50-52)	INTERCEPTACIÓN (53-56)	DESPEJE (57-63)	DINÁMICAS Y JUEGOS (64-84)	EJERCICIOS PREVENTIVO (85-100)
BIOLÓGICA											
FUERZA				X	X	X			X		X
RESISTENCIA	X	X	X	X	X						
VELOCIDAD	X	X		X	X	X		X	X	X	X
FLEXIBILIDAD							X				X
SOCIAL											
COHESIÓN GRUPAL					X				X	X	X
PRESENTACIÓN/ DESHINIBICIÓN										X	X
RESOLUCIÓN DE PROBLEMAS	X	X	X	X	X					X	X
TOMA DE DECISIONES	X	X	X	X	X	X		X	X	X	
EMPATÍA							X			X	
PSICOLÓGICA/FISIOLÓGICA											
ACTIVACIÓN	X		X		X					X	X
MOTIVACIÓN										X	X
AUTOCONFIANZA		X	X	X						X	X
ATENCIÓN	X	X	X	X	X	X	X	X	X	X	X
ANSIEDAD										X	

SIMBOLOGÍA

BALÓN
JUGADORA
MOVIMIENTO DE LA JUGADORA
MOVIMIENTO DEL BALÓN
CONDUCCIÓN DE BALÓN

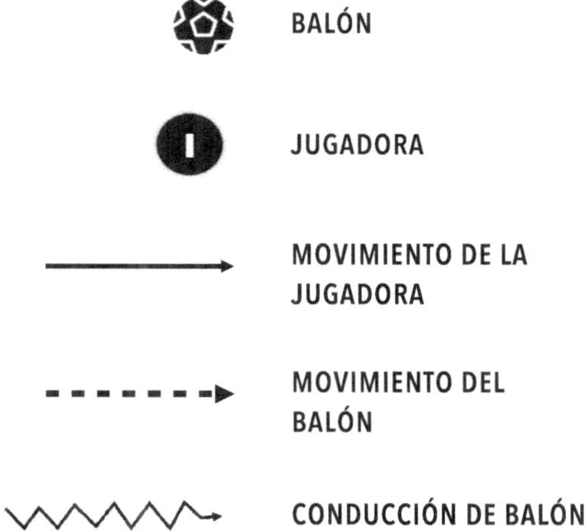

100 EJERCICIOS Y JUEGOS SELECCIONADOS DE FÚTBOL FEMENINO

Ejercicio Nº 1	Objetivo técnico-táctico ppal.	Mejorar la toma de decisión a la hora de controlar
	Objetivos Secundarios	Control orientado del balón, visión periférica, velocidad de ejecución, movilidad y creación de espacios

Medios Técnico-Tácticos	**Medios técnicos:** - ATAQUE: Pase-recepción, protección del balón, manejo del balón.		
Jugadores	4 grupos de 5	Campo	25x10 m
Material	Chinos, petos de colores, balones.	Tiempo	10'

Explicación

El jugador dentro de la celda se encuentra recibiendo pases de su compañero y devolviendo al primer toque. Cuando el entrenador/a lo indica debe realizar la siguiente secuencia:

1. Pido balón.

2. Miro a mi compañero (4) y digo el color del peto que ha levantado.

3. Realiza control orientado hacia el lado que mejor le venga para realizar un pase largo al compañero número

4. Pase largo.

El compañero número 4 realiza un pase largo aéreo al compañero número 5.

Se producen las rotaciones.

Observaciones	Trabajamos la percepción y toma de decisión del jugador así como la técnica del control y del pase de manera analítica de una forma amena.

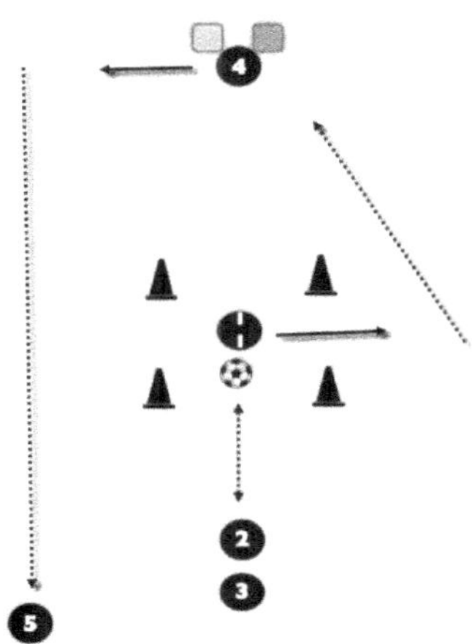

Ejercicio N° 2	Objetivo técnico-táctico ppal.	Control y pase.
	Objetivos Secundarios	Activación, desinhibición.

Medios Técnico-Tácticos	**Medios técnicos:** - ATAQUE: Desplazamiento, pase-recepción. **Intenciones tácticas:** - ATAQUE: Relacionarse.		
Jugadores	Por parejas	Campo	Se distribuyen por campo de fútbol 7.
Material	Balones.	Tiempo	10'

Explicación

Por parejas las jugadoras se sitúan una enfrente de la otra. Se diferenciarán 3 distancias: cerca, media y larga. Verbalmente se le indicará a las futbolistas dichas distancias para que se acerquen o se distancien sin dejar de pasarse el balón. Estar en una distancia corta implicara pases cortos y tensos al primer toque. Cuando estén a media distancia dejaremos que investiguen y creen el mejor golpeo para que llegue a su compañera. A larga distancia tendrán 2 toques, uno para controlar y orientar y otro para devolver mediante un pase alto.

*Podemos añadir un componente lúdico introduciendo un nuevo comando: Cada vez que la entrenadora pite, las jugadoras sin balón tienen que cambiar de pareja.

Observaciones	Ejercicios analíticos bajo la herramienta del juego para realizar cientos de repeticiones sin apenas darte cuenta. El entrenador o entrenadora debe ser consciente que son pobres en contenido táctico. Por sus características, es una tarea muy adecuada para la activación,en circuitos de tecnificación e incluso para sesiones de distensión.

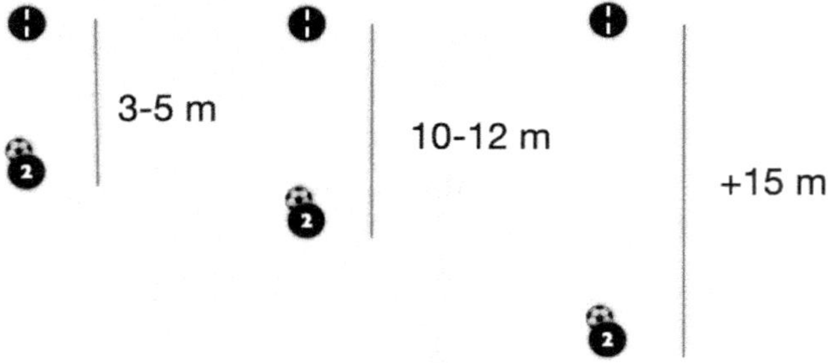

Ejercicio N° 3	Objetivo técnico-táctico ppal.	Mejorar el control de balón en situación de presión.
	Objetivos Secundarios	Interpretación del momento de juego (timing), mejorar la toma de decisiones, visión periférica, resolución de problemas...

Medios Técnico-Tácticos	**Medios técnicos:** - ATAQUE: Pase-recepción, protección del balón (cobertura técnica), manejo del balón, desmarques, creación-ocupación espacios. - DEFENSA: Desplazamiento, acoso, despeje, interceptación, marcaje, carga. **Intenciones tácticas:** - ATAQUE: Fijar, desbordar, proteger, desmarcarse, relacionarse, movilizar. - DEFENSA: Acosar, obstruir, disuadir.		
Jugadores	5 grupos de 4	Campo	15x15m
Material	Chinos, fit ball, balones.	Tiempo	10'

Explicación

2 jugadores se meten en el cuadrado: uno recibe balón de frente desde fuera del cuadrado y otro intenta robárselo. JCB solo puede mantener el balón realizando una cobertura técnica avanzando como mucho hacia delante. Solo podrá dar el pase fuera de la jaula cuando su compañero haya logrado desmarcarse.

Rotamos cada 2 minutos.

*Entendemos que no todos los clubes disponen de 5 fitballs. Se recomienda realizar este ejercicio como estación de un circuito de combinación de ejercicios técnicos, realizarlo en grupos más reducidos (compañeros en readaptación) o simplemente sustituir la fitball por algún material que resulte igual de motivante.

Observaciones	Se trata de un ejercicio en el que trabajamos la percepción y toma de decisión del jugador así como la técnica del control y del pase de manera aislada, con elementos tácticos, decisionales y propioceptivos muy interesantes.

Ejercicio Nº 4	Objetivo técnico-táctico ppal.	Control y pase
	Objetivos Secundarios	Movilidad, comunicación motriz, control orientado, automatización de ciertos movimientos (ayudas, apoyos, desmarques...)

Medios Técnico-Tácticos	**Medios técnicos:** - ATAQUE: Pase-recepción, protección del balón (cobertura técnica), manejo del balón, desmarques, creación-ocupación espacios. **Intenciones tácticas:** - ATAQUE: Fijar, desmarcarse, relacionarse, movilizar.		
Jugadores	2 grupos de 10	Campo	25x25 apróx.
Material	Chinos y balones.	Tiempo	10'

Explicación

Rueda de pases (I): TRIANGULAR

La jugadora 1 empieza el ejercicio pasando el balón hacia la jugadora 2. Ésta hace una pared con la jugadora 3 para conectar con 4, que realiza un control orientado para pasársela a 5. 5 vuelve a conectar con 3 haciendo una pared para finalmente terminar de nuevo en la posición 1.

Las rotaciones se intentan hacer sin necesidad de parar el ejercicio desplazándose hacia la posición del siguiente número. Si observamos el procedimiento vemos como intentamos potenciar las triangulaciones.

*Variante : Para potenciar el CONTROL ORIENTADO podemos cambiar la secuencia de pases: 1-2-3-4-2-5-3-1-5-2. De esta manera 3 tiene que realizar un control orientado para girarse totalmente y realizar el pase con fluidez. Establecemos esa secuencia como sugerencia para mantener la esencia de la triangulación que propicia esta Rueda de Pases.

Observaciones	Se trata de un ejercicio que puede ser rutina en cualquier momento del entrenamiento, es una genial forma de activación y muy completo a nivel técnico-táctico.

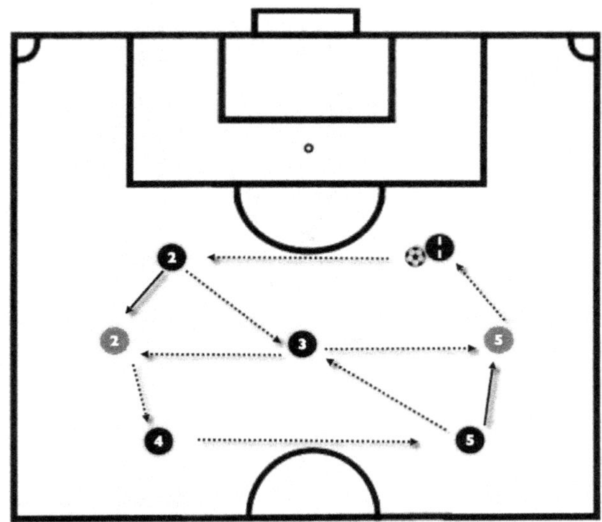

Ejercicio N° 5	Objetivo técnico-táctico ppal.	Control y pase
	Objetivos Secundarios	Movilidad, comunicación motriz, control orientado.

Medios Técnico-Tácticos	**Medios técnicos:** - ATAQUE: Pase-recepción, protección del balón (cobertura técnica), manejo del balón, desmarques, creación-ocupación espacios. **Intenciones tácticas:** - ATAQUE: Fijar, desmarcarse, relacionarse, movilizar.		
Jugadores	2 grupos de 10	Campo	25x15m
Material	Chinos y balones.	Tiempo	10'

Explicación

Rueda de pases (II): JUGAR DE CARA.

Jugadora 1 inicia realizando un pase raso y corto y tenso a jugadora 2 que rápidamente conecta de cara con jugadora 3 y se abre a banda para poder recibir próximamente. Jugadora 3 conecta de cara con 4 que abre a banda donde se ha desmarcado 2. 2 juega al primer toque con 5 que vuelve a poner el balón con un golpeo aéreo al inicio de la rueda de pases.

*Con este trabajo pretendemos un juego más rápido y eficaz sin asumir riesgos. Tácticamente puede ser un recurso para salidas de zona de presión o situaciones de inferioridad donde primamos jugar de cara y con mucha movilidad de nuestras jugadoras para sacar el balón de dicha zona o situación.

Observaciones	Se trata de un ejercicio que puede ser rutina en cualquier momento del entrenamiento, es una genial forma de activación y completo a nivel técnico-táctico.

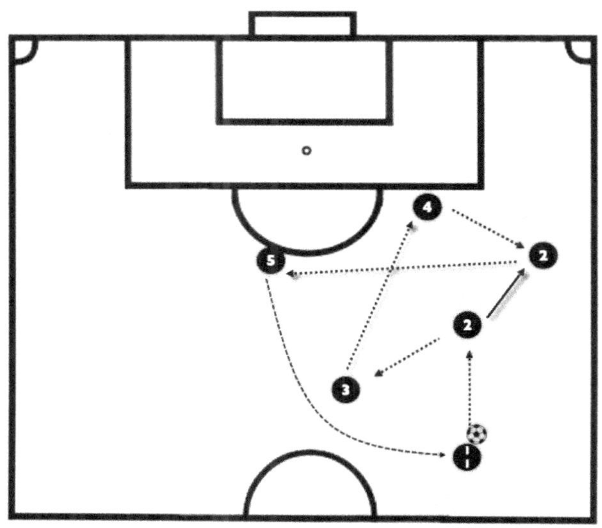

Ejercicio N° 6	Objetivo técnico-táctico ppal.	Control y pase
	Objetivos Secundarios	Control orientado, anticipación, comunicación y comunicación motriz (uso del cuerpo).

Medios Técnico-Tácticos	**Medios técnicos:** - ATAQUE: Pase-recepción, manejo del balón, desplazamiento, apoyos. **Intenciones tácticas:** - ATAQUE: Relacionarse, movilizar.		
Jugadores	2 grupos de 10	Campo	5x5m
Material	Chinos y balones.	Tiempo	10'

Explicación
Situamos a 4 jugadoras a cada lado del cuadrado teniendo 3 de ellas balón y quedando, por tanto, una sin balón además de la jugadora que queda en el centro. La jugadora que está en el medio tendrá que 1°; pedir el balón a una de sus compañeras, 2°; recibir con un control orientado el balón y realizar el pase a la jugadora que no tenga balón. Realizará los controles orientados en función de dónde le venga el balón y adonde lo quiera llevar. Cada 2 minutos cambiamos a la jugadora central.

Observaciones	Este ejercicio es una recurso analítico. Puede ayudar a la jugadora a automatizar el mirar antes de recibir el balón y ya saber donde va a jugarlo o dónde se sitúan sus compañeras y adversarias. Por sus características, es un excelente trabajo en la activación de un entrenamiento, como trabajo físico con balón o simplemente como estación en circuitos/sesiones de tecnificación.

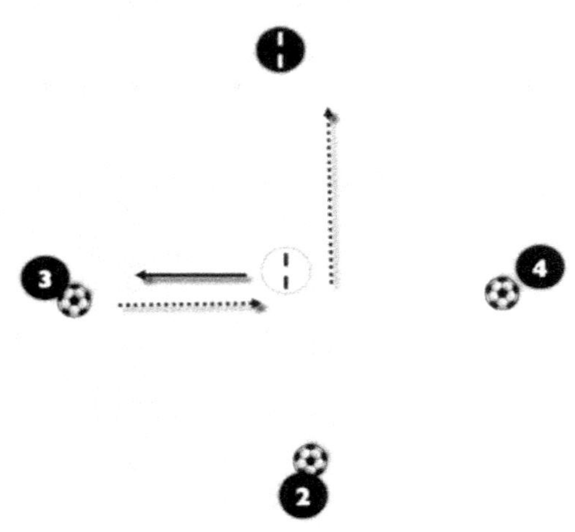

Ejercicio N° 7	Objetivo técnico-táctico ppal.	Control y pase
	Objetivos Secundarios	Movilidad, comunicación motriz, control orientado.

Medios Técnico-Tácticos	**Medios técnicos:** - ATAQUE: Pase-recepción, desplazamiento, conducción, apoyo, pared, cruces, creación-ocupación de espacios, desmarques... - DEFENSA: Desplazamiento, entrada, acoso, despeje, interceptación, marcaje, vigilancia, carga. **Intenciones tácticas:** - ATAQUE: Fijar, desbordar, proteger, desmarcarse, relacionarse, movilizar, desbordar. - DEFENSA: Vigilar, acosar, obstruir, disuadir.		
Jugadores	1 grupo de 8 y 1 grupo de 6	Campo	25x20m
Material	Balones, delimitadores del espacio y petos	Tiempo	10-15'

Explicación

Se trata de una posesión de balón con 4 jugadoras "encarceladas" que solo pueden ser liberadas con un pase. La jugadora que libera a la encarcelada entra a la zona.

Buscamos un máximo de 2 toques por jugadora (permitiendo, si la situación lo permite algún toque más o incluso conducciones que permitan mantener el balón y/progresar).

Observaciones	En las posesiones de balón se suele cometer el error de meter demasiadas consignas que limitan las posibilidades del jugador. En este libro siempre se buscará dar todos los recursos técnicos a la jugadora fomentando la mejora de la toma de decisión adaptando las normas del ejercicio de manera que pueda entender qué debe hacer y el PORQUÉ atendiendo a las características de dicha futbolista (labor del entrenador).

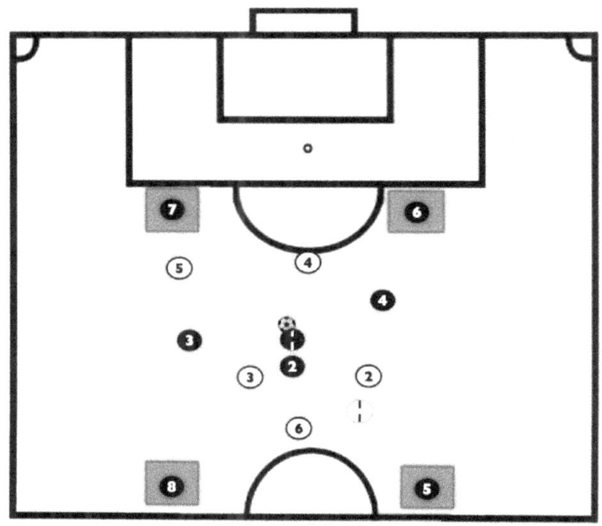

Ejercicio Nº 8	Objetivo técnico-táctico ppal.	Ataq: Control y pase. Def.:Presión tras pérdida.
	Objetivos Secundarios	Posición corporal, comunicación motriz, control orientado, tapar líneas de pase, comunicación, timing...

Medios Técnico-Tácticos	**Medios técnicos:** - ATAQUE.: Pase-recepción, apoyo, contraataque... - DEFENSA: Desplazamiento, acoso, interceptación, tapar líneas de pase (pantalla), presión orientada, cobertura... **Intenciones tácticas:** - ATAQUE: Proteger, relacionarse. - DEFENSA: Vigilar, acosar, obstruir, disuadir.

Jugadores	4 grupos de 5	Campo	8x8 m
Material	Chinos y balones.	Tiempo	5-8'

Explicación

Dividimos el grupo en 2 para competir. El primer grupo (rondo) intentará realizar 10 pases que comienzan a contar en cuanto llegan las jugadoras del otro grupo. Este segundo grupo entrará en el rondo por parejas tras realizar una aceleración de unos 5 metros para robar lo antes posible y volver al sitio a dar el relevo a la siguiente pareja. Al terminar el tiempo se invierten los papeles para ver quién ha robado más balones.

*Variante: robo y me llevo balón. Establecemos ahora 2 rondos aun manteniendo los 2 equipos. cuando una roba inmediatamente y sin oposición tiene que sacar el balón y meter en menos de 3 toques el balón en la mini portería.

Observaciones	A menudo caemos en el error de plantear tareas pensando únicamente en su contenido ofensivo olvidándonos del resto de nuestras jugadoras pudiendo enriquecer el ejercicio y la motivación.

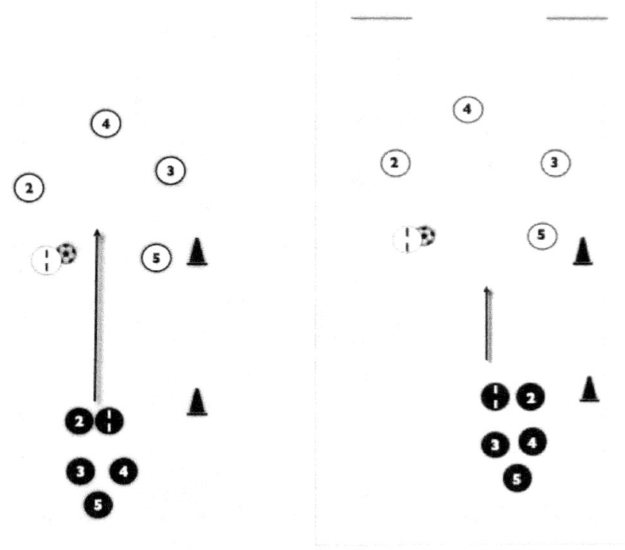

Ejercicio N° 9	Objetivo técnico-táctico ppal.	Control y pase
	Objetivos Secundarios	Posición corporal, comunicación motriz, control orientado, distensión, activación.

Medios Técnico-Tácticos	**Medios técnicos:** - ATAQUE.: Desplazamiento, manejo de balón, conducción pase-recepción, protección de balón, apoyo, - DEFENSA: Desplazamiento, acoso, interceptación, vigilancia,presión orientada, cobertura... **Intenciones tácticas:** - ATAQUE: Proteger, relacionarse. - DEFENSA: Vigilar, acosar, obstruir, disuadir.		
Jugadores	2 grupos de 10	Campo	30x40m
Material	Balones	Tiempo	10'

Explicación
Las jugadoras establecen un rondo a 2 toques como mucho con 2 jugadoras en medio intentando robar balón. La entrenadora va diciendo figuras geométricas que con su posición tendrán que dibujar sin perder el balón.

Observaciones	El trabajo en double task permite trabajar la capacidad perceptiva y decisional de la jugadora.

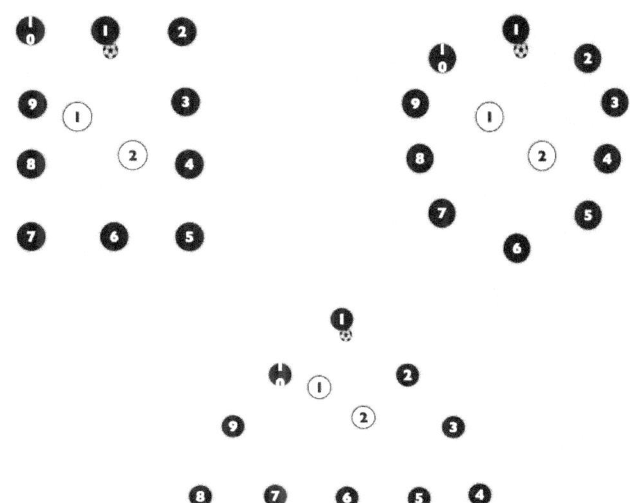

Ejercicio Nº 10	Objetivo técnico-táctico ppal.	Control y pase
	Objetivos Secundarios	Posición corporal, comunicación motriz, control orientado.

Medios Técnico-Tácticos	**Medios técnicos:** - ATAQUE: Pase-recepción, protección del balón, manejo del balón - DEFENSA: Desplazamiento, entrada, acoso, repliegue, despeje, interceptación, vigilancia. **Intenciones tácticas:** - ATAQUE: Relacionarse, movilizar. - DEFENSA: Acosar, obstruir, disuadir.		
Jugadores	Rondo de 8 jugadoras. El resto a robar.	Campo	15x20m
Material	Balones y petos.	Tiempo	10-12'

Explicación
Las jugadoras ejecutan un rondo a 2 toques teniendo que tocar todas el balón. El número de jugadoras que están dentro del rondo va aumentando cada 5" (entran 2) empezando con 3 jugadoras en el medio.

Observaciones	El ir incorporando jugadoras defensivas a la tarea debe hacer a las jugadoras con balón moverlo más rápido para alcanzar el objetivo.

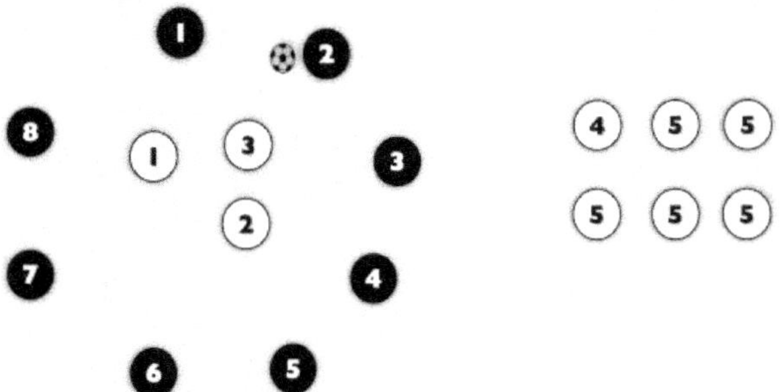

Ejercicio N° 11	Objetivo técnico-táctico ppal.	Control y pase
	Objetivos Secundarios	Posición corporal, control del bote, pase aéreo...

Medios Técnico-Tácticos	**Medios técnicos:** - ATAQUE Pase-recepción, uso del cuerpo, fintas, control del balón y remate		
Jugadores	4 grupos de 5	Campo	2m cada cuadrícula.
Material	Chinosl,balones.	Tiempo	7'

Explicación

Establecemos cuadriculas (1 por jugadora). El balón solo puede botar una vez en mi cuadrícula. Voy comiéndome las vidas de aquella jugadora a la que pase el balón y no logre sacarlo de su cuadricula antes de que bote más de una vez o lo saque sin mandarlo a otra cuadrícula o raso con imposibilidad de seguir jugándolo.

Observaciones	Ejercicios analiticos bajo la herramienta del juego para realizar cientos de repeticiones sin apenas darte cuenta. El entrenador o entrenadora debe ser consciente que son pobres en contenido táctico pero muy eficaces para la mejora técnica de la jugadora.

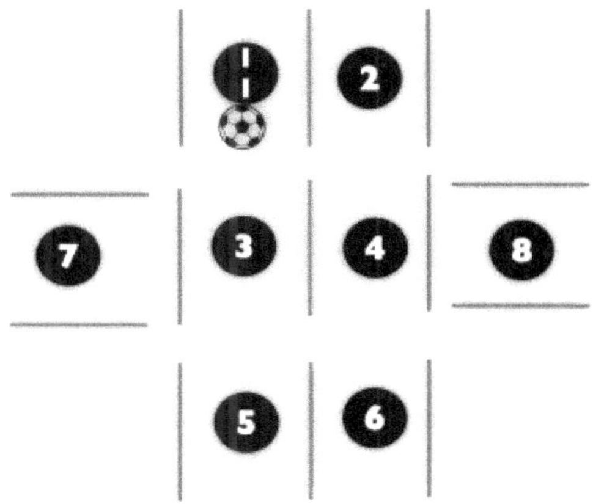

Ejercicio Nº 12	Objetivo técnico-táctico ppal.	Control y pase
	Objetivos Secundarios	Posición corporal, control del bote, cabeceo, toma de decisión, comunicación, orientación corporal...

Medios Técnico-Tácticos	**Medios técnicos:** - ATAQUE Pase-recepción, uso del cuerpo, fintas, control del balón y remate		
Jugadores	4 grupos de 5	Campo	4x4m
Material	Chinosl,balones.	Tiempo	7-12'

Explicación

Dividimos el grupo en 2 equipo que se colocan en fila enfrente de la portería rival. Van saliendo a rematar de cabeza las jugadoras del equipo 1 los balones servidos con la mano y a una altura y potencia razonable por parte del entrenador (objetivo lúdico y de calentamiento) hasta que fallen o la jugadora del equipo 2 intercepta el balón con cualquier parte del cuerpo que no sean sus manos. Si la jugadora del equipo 1 ha metido su balón, se retira y va al final de la cola para que salga la siguiente jugadora de su equipo. Mientras, continua de de "portera" la misma jugadora del equipo 2. Cuando por fin se produce el fallo, la portera se marcha y sale a rematar la siguiente jugadora del equipo 2.

Observaciones	Ejercicios analíticos bajo la herramienta del juego para realizar cientos de repeticiones sin apenas darte cuenta. El entrenador o entrenadora debe ser consciente que son pobres en contenido táctico para adecuarlo aprovechando sus cualidades.

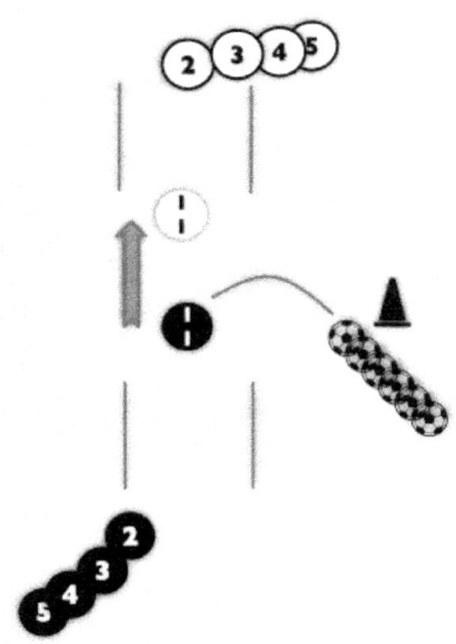

Ejercicio Nº 13	Objetivo técnico-táctico ppal.	Control y pase	
	Objetivos Secundarios	Posición corporal, control del bote, cabeceo, toma de decisión, comunicación...	
Medios Técnico-Tácticos	**Medios técnicos:** - ATAQUE: Pase-recepción, remate, manejo de balón y apoyo. - DEFENSA: Despeje, pantalla, interceptación. **Intenciones tácticas:** - ATAQUE: Relacionarse. - DEFENSA: Controlar el balón, obstruir, disuadir		
Jugadores	Grupos de 3	Campo	10x5m
Material	Balones, petos, delimitadores del espacio, red/valla.	Tiempo	5-8'
Explicación			

Fútbol tenis con tres toques obligatorios.

La importancia de la altura de la red.

Las jugadoras se pasan el balón sin que bote en su campo más de una vez y sin que salga del terreno delimitado y siempre por encima de la red. Marcamos 3 toques obligatorios para fomentar la intencionalidad y el control de balón de las jugadoras para combinar entre ellas.

Observaciones	Ejercicios analíticos bajo la herramienta del juego para realizar cientos de repeticiones sin apenas darte cuenta. El entrenador o entrenadora debe ser consciente que son pobres en contenido táctico para adecuarlo aprovechando sus cualidades.

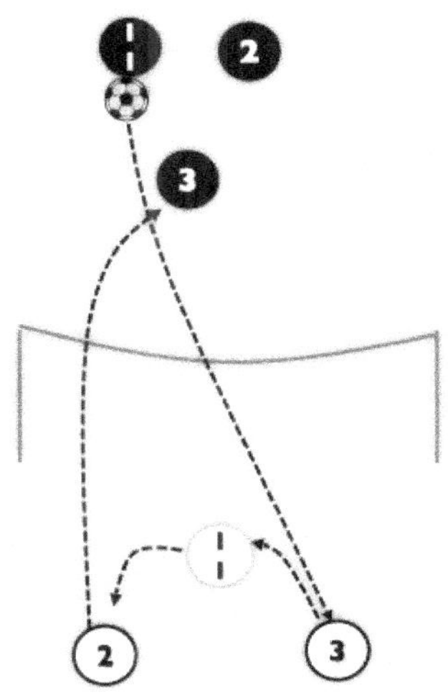

Ejercicio Nº 14	Objetivo técnico-táctico ppal.	Control y pase
	Objetivos Secundarios	Control del bote, competición-distensión, volear

Medios Técnico-Tácticos	**Medios técnicos:** - ATAQUE: Desplazamiento, manejo del balón, pase-recepción, chut, protección de balón, apoyo. **Intenciones tácticas:** - ATAQUE: Proteger, relacionarse. - DEFENSA: Controlar balón, vigilar, disuadir.		
Jugadores	4 grupos de 5	Campo	40x20m
Material	Balones.	Tiempo	5-10'

Explicación

Enfrentamos a los grupos entre sí. Cada grupo deberá pasarse el balón sin que toque el suelo. Cuando todas las jugadoras hayan tocado al menos una vez el balón, una de ellas deberá dar una volea hacia el campo rival. El equipo que va a recibir el balón tiene que controlarlo sin que bote para poder devolverlo siguiendo la misma norma. El espacio queda dividido en dos campos (uno para cada equipo).

*Podemos y debemos hacer progresiones de dificultad en función del nivel técnico de las jugadoras.

Observaciones	Ejercicios analíticos bajo la herramienta del juego para realizar cientos de repeticiones sin apenas darte cuenta. El entrenador o entrenadora debe ser consciente que son pobres en contenido táctico.

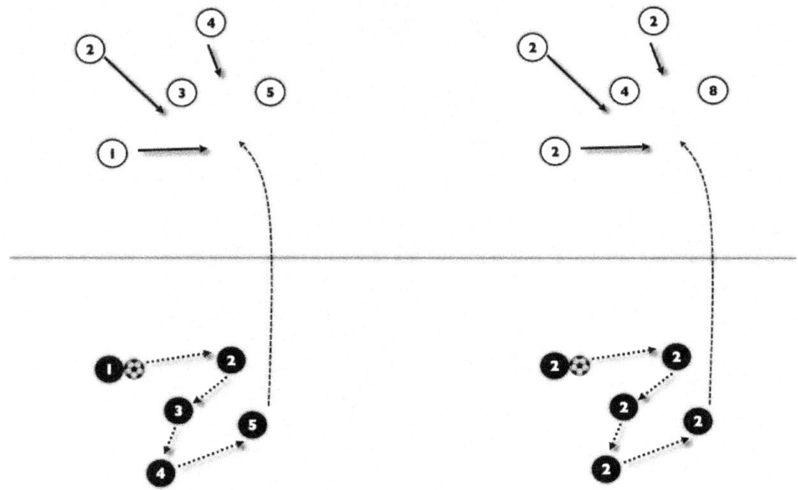

Ejercicio Nº 15	Objetivo técnico-táctico ppal.	Control y pase
	Objetivos Secundarios	Posición corporal, control del bote, percepción del espacio, toma de decisión, comunicación.

Medios Técnico-Tácticos	**Medio técnicos:** - ATAQUE: :Desplazamiento, manejo de balón, pase-recepción, chuto, remate, protección de balón, apoyo. - DEFENSA: Controlar el balón. **Intenciones tácticas:** - ATAQUE: Desbordar. - DEFENSA: Controlar balón.		
Jugadores	2 grupos de 5	Campo	20x20
Material	Balones, petos y delimitadores del espacio.	Tiempo	10-15'

Explicación

La jugadora 1 del equipo blanco da un pase raso y tenso a la "pitcher" que levantara el balón y lo lanzará con un golpeo parabólico a la zona de recepción donde el equipo rival debe controlar el balón sin que bote y introducirlo en una de las porterías antes de que la jugadora 1 del equipo negro pase por ella. Si logra atravesar todas las "bases" sin que el equipo blanco logre alguno de sus objetivos será punto para su equipo.

Observaciones	Se trata de un juego modificado y adaptado al fútbol comúnmente utilizado en entrenamientos. Podemos aprovechar sus componentes técnicos, lúdicos, comunicativos, competitivos y de condición física. Sin embargo, en este caso la propuesta es realizarlo en grupos reducidos en tareas de readaptación o incluso en sesiones pre o post competitivas aumentando su componente lúdico (p.ej: utilizando material alternativo).

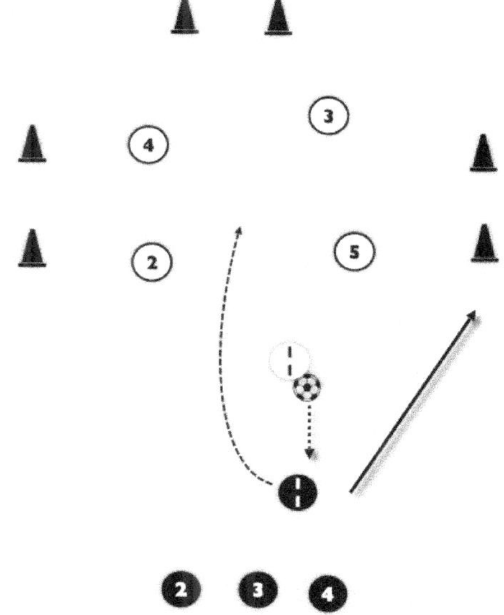

Ejercicio N° 16	Objetivo técnico-táctico ppal.	Control y pase	
	Objetivos Secundarios	Posición corporal, control del bote, timing	

Medios Técnico-Tácticos	**Medios técnicos:** - ATAQUE: Desplazamiento, manejo de balón, pase-recepción, finta, protección de balón, apoyo, pared, cruce, creación-ocupación de espacios, desmarque, cambio de orientación. - DEFENSA: Desplazamiento, entrada, acoso, repliegue, despeje, interceptación, marcaje, vigilancia, carga, cobertura, permuta, cambio de oponente, marcaje zona/hombre, repliegue, pressing, basculación. **Intenciones tácticas:** - ATAQUE: Fijar, desbordar, proteger, desmarcarse, atraer, relacionarse, movilizar. - DEFENSA: Controlar balón, vigilar, acosar, obstruir, disuadir.		
Jugadores	2 equipo (con peto) y 1 uno sin peto.	Campo	25x25m apróx.
Material	Balones, petos y delimitadores del espacio.	Tiempo	15-20'

Explicación

Las jugadoras tienen que dar 6 pases para poder pasar el balón a la zona 3 con un pase largo.

Consignas: Las jugadoras con posesión de balón deberán tener una alta movilidad para facilitar apoyos y crear espacios para poder enviar balón a *zona débil*.

En las zonas de posesión de balón solo podrán entrar a robar 4 jugadoras.

Los dos equipos de las zonas exteriores (con peto) se pasarán el balón al alcanzar los 6 pases.

El equipo sin peto (blanco en la representación) intentará robar en cada zona realizando una defensa pasiva en la zona central.

Tras 3' cambiamos el grupo que roba.

Observaciones	El control y el pase son recursos técnicos utilizados para materializar las intenciones tácticas de los jugadores. Por ello, esta tarea integra la ejecución del gesto a situaciones reales y globales del juego.

Ejercicio Nº 17	Objetivo técnico-táctico ppal.	Control y pase
	Objetivos Secundarios	ATAQ: Movilidad, juego interior, juego en amplitud,. DEF: Tapar líneas de pase.

Medios Técnico-Tácticos	**Medios técnicos:** - ATAQUE: Pase-recepción, uso del cuerpo, fintas, creación-ocupación de espacios, ataque posicional, desplazamientos, desmarques, apoyos. - DEFENSA: Desplazamiento, entrada, acoso, repliegue, despeje, interceptación, marcaje, vigilancia carga. **Intenciones tácticas:** - ATAQUE: Fijar, atraer, relacionarse, movilizar. - DEFENSA: Controlar balón, distancia, vigilar, acosar, obstruir, disuadir, marcaje zona/hombre, pressing, basculación.		
Jugadores	1 equipo de 12 y 1 equipo de 4	Campo	20x30m
Material	Balones y delimitadores del espacio.	Tiempo	10-15'

Explicación

Dividimos el espacio en 2 rectángulos. La defensa se coloca sobre la línea común de ambos rectángulos impidiendo que el balón pase la muralla. El equipo atacante deberá generar los espacios en amplitud para poder colar el balón y llegar a sus compañeros del otro lado. Planteamos 2 situaciones para la defensa: 1 en inferioridad donde se centrará en tapar líneas de pase y otra donde estará en igualdad y podrán entrar en la zona para marcar cada una a su atacante.

Observaciones	El control y el pase son recursos técnicos utilizados para materializar las intenciones tácticas de los jugadores. Por ello, esta tarea integra la ejecución del gesto a situaciones reales y globales del juego. En este caso, nos centraremos en el juego entre líneas.

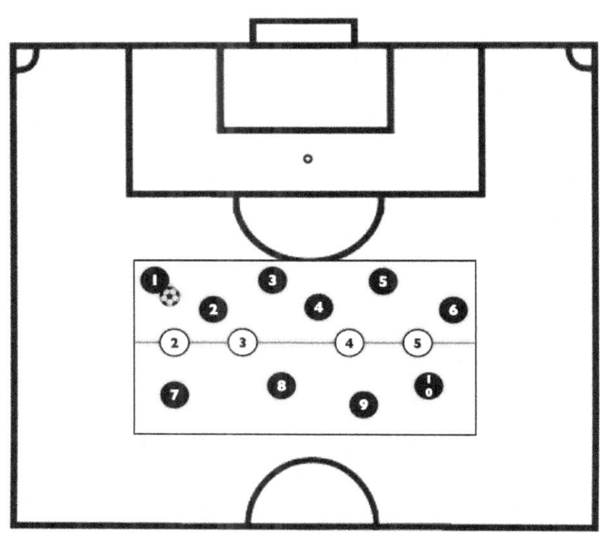

Ejercicio Nº 18	Objetivo técnico-táctico ppal.	Control y pase
	Objetivos Secundarios	Movilidad, profundidad en juego exterior, comunicación, timing,

| Medios Técnico-Tácticos | **Medios técnicos:**
- ATAQUE: Desplazamiento, manejo de balón, conducción, pase-recepción, finta, regate, apoyo, pared, cruce, creación-ocupación de espacios, desmarque, ataque posicional, cambio de orientación.
- DEFENSA: Desplazamiento, entrada, acoso, interceptación, marcaje, vigilancia, carga, cobertura, permuta, cambio de oponente, marcaje zona/hombre, basculación, fuera de juego.
Intenciones tácticas:
- ATAQUE: Desplazamiento, manejo de balón, conducción, finta, regate, protección de balón, apoyo, pared, cruce, creación-ocupación de espacios, desmarque, ataque posicional, cambio de orientación.
- DEFENSA: Desplazamiento, entrada, acoso, interceptación, marcaje, vigilancia, carga, cobertura, permuta, cambio de oponente, basculación. | |

Jugadores	10-20	Campo	45x30m apróx.
Material	Balones, petos, delimitadores de espacio.	Tiempo	15-20'

Explicación
Dividimos el espacio en 3 zonas: 1 central y 2 laterales. Los jugadores del centro deben mover el balón (2 toques) hasta lograr los espacios para abrir a banda en profundidad y lograr 1 punto.

Observaciones	El control y el pase son recursos técnicos utilizados para materializar las intenciones tácticas de los jugadores. Por ello, esta tarea integra la ejecución del gesto a situaciones reales y globales del juego fomentando la toma de decisión de la jugadora. En este caso, el juego exterior en profundidad.

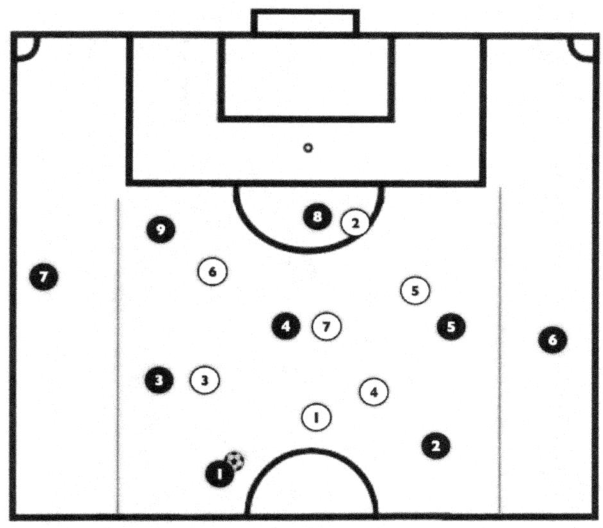

Ejercicio Nº 19	Objetivo técnico-táctico ppal.	Control y pase	
	Objetivos Secundarios	Movilidad, profundidad en juego exterior, comunicación, timing,	

| Medios Técnico-Tácticos | **Medios técnicos:**
- ATAQUE: Desplazamiento, manejo de balón, conducción, pase-recepción, finta, regate, apoyo, pared, cruce, creación-ocupación de espacios, desmarque, ataque posicional, cambio de orientación.
- DEFENSA: Desplazamiento, entrada, acoso, interceptación, marcaje, vigilancia, carga, cobertura, permuta, cambio de oponente, marcaje zona/hombre, basculación, fuera de juego.
Intenciones tácticas:
- ATAQUE: Desplazamiento, manejo de balón, conducción, finta, regate, protección de balón, apoyo, pared, cruce, creación-ocupación de espacios, desmarque, ataque posicional, cambio de orientación.
- DEFENSA: Desplazamiento, entrada, acoso, interceptación, marcaje, vigilancia, carga, cobertura, permuta, cambio de oponente, basculación. | | |

Jugadores	20	Campo	45x30m apróx.
Material	Balones y delimitadores de espacio.	Tiempo	20-25'

Explicación

Se delimita una zona en la que no se puede pasar con balón. Los jugadores deberán jugar el balón por ambas bandas (comodines exteriores) antes de poder hacer pasar el balón por la zona delimitada. La primera franja valdrá 1 punto, la segunda 2 y la tercera 3. Si finalmente, logran dar el pase en profundidad, sumarán 5 puntos más.

*De esta manera estimulamos el juego exterior, la búsqueda del lado débil, la creación de espacios para el juego entre líneas para, en definitiva, cumplir con el principio de juego de mantener y progresar con el balón.

Observaciones	En la actualidad buscamos el componente táctico inherente al técnico. Aquí buscamos la máxima movilidad del jugador sin balón con una estrategia de amplitud y orientación hacia el lado débil de una manera directa obviando el avance por el centro.

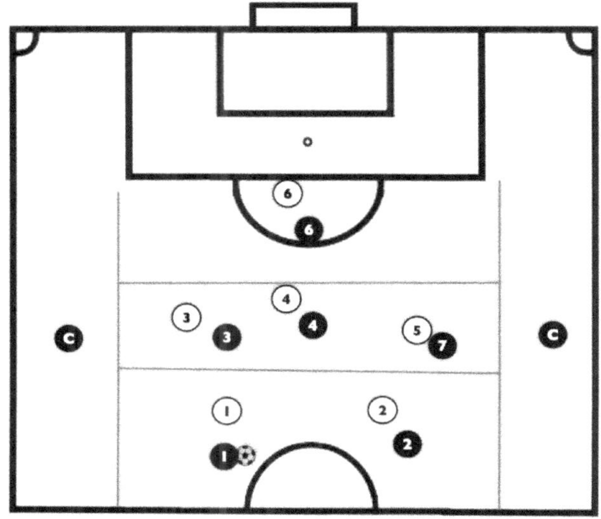

Ejercicio Nº 20	Objetivo técnico-táctico ppal.	Cabeceo.
	Objetivos Secundarios	Trabajo físico y cognitivo, competición-distensión.

Medios Técnico-Tácticos	**Medios técnicos:** - ATAQUE: Desplazamiento, pase-recepción, remate.		
Jugadores	Por parejas.	Campo	A lo largo de la línea de fondo.
Material	Conos y petos/setas, balones.	Tiempo	5-7'
Explicación			

La jugadora permanece sentada en el suelo hasta que el entrenador/a dice un color y un número. El color indica que cono ha de derribar con el cabeceo y el número de veces que tiene que sentarse y levantarse antes de cabecear. El juego se realiza por parejas dedicando tiempo al final a ver cuál de las 2 ha tenido más aciertos y por tanto precisión.

Observaciones	Podemos relacionarnos con el compañero realizando el pase con la cabeza. La propuesta es trabajar el gesto desde el aspecto lúdico.

Ejercicio Nº 21	Objetivo técnico-táctico ppal.	Conducir el balón
	Objetivos Secundarios	Velocidad de reacción, visión periférica, control orientado, concentración y atención, competición-distensión.

Medios Técnico-Tácticos	**Medios técnicos:** - ATAQUE: Desplazamiento, manejo de balón, pase-recepción, finta, regate, apoyo.		
Jugadores	12	Campo	15x15m
Material	Balones y delimitadores del espacio.	Tiempo	10'

Explicación

Dibujamos 2 círculos concéntricos siendo uno mayor que el otro. En cada seta del círculo más pequeño se sitúa una jugadora mirando hacia fuera. En cada seta del círculo mayor se sitúa el resto de jugadoras mirando hacia dentro. El entrenador o entrenadora ira diciendo una serie de comandos:

"1" (conducir hacia la siguiente seta a la derecha). "2" (conducir a la siguiente seta a la izquierda).
"3" (pasar el balón a la jugadora que tenga enfrente en el circulo pequeño). Tendrán que responder a tiempo y fluidez las jugadoras del círculo de mayor radio. Tras 2' de trabajo permutan las jugadoras de ambos círculos.

*En este tipo de ejercicios, para un mayor trabajo del gesto podemos indicar cuestiones como la zona del contacto del pie o el uso de pierna derecha o pierna izquierda para las distintas fases de la conducción.

p.ej: Acelero y conduzco con el empeine-exterior, freno con el interior, cambio de ritmo con la pierna favorable al cambio....

Observaciones	Metodología analítica para el gesto técnico de la conducción. Pretende ayudar al jugador a automatizar el gesto técnico así como a mantener una visión general de lo que ocurre a su alrededor para fundamentar su toma de decisiones. Por sus características, es un excelente trabajo en la activación de un entrenamiento, como trabajo físico con balón o simplemente como estación en circuitos/sesiones de tecnificación.

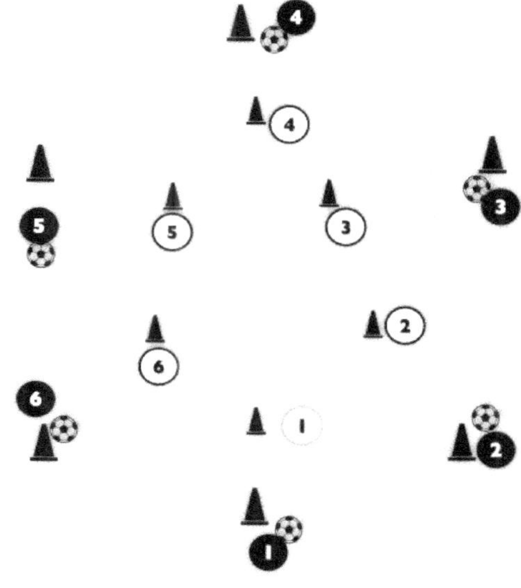

Ejercicio Nº 22	Objetivo técnico-táctico ppal.	Conducir el balón
	Objetivos Secundarios	Visión periférica, comunicación, trabajo físico con balón.

Medios Técnico-Tácticos	**Medios técnicos:** - ATAQUE: Desplazamiento, manejo de balón, conducción, regate, finta.		
Jugadores	7-12	Campo	25x25m
Material	Chinos y balones	Tiempo	2 x 5'

Explicación

Dividimos el espacio en cuadrículas de 5x5 aproximadamente resultando un cuadrado de 25x25 apróx.. Cada jugadora y su balón se sitúa en una seta (indicar que han de empezar separadas e incluso mantenerse separadas durante toda la tarea para no chocarse en los desplazamientos. Para la realización del ejercicio, la entrenadora dirá un número de 2 cifras: el primer digito indicará el número de segmentos que tienen que recorrer y el segundo dígito el número de giros o intersecciones que deberá tomar.

p.ej: "32": las jugadoras tienen que recorrer 3 lados de cuadrado y realizar 2 cambios de dirección. (ejemplo en la representación gráfica con las jugadoras 1 y 2).

Observaciones	Metodología analítica para el gesto técnico de la conducción. Pretende ayudar al jugador a automatizar el gesto técnico así como a mantener una visión general de lo que ocurre a su alrededor para fundamentar su toma de decisiones. Por sus características, es un excelente trabajo en la activación de un entrenamiento, como trabajo físico con balón o simplemente como estación en circuitos/sesiones de tecnificación.

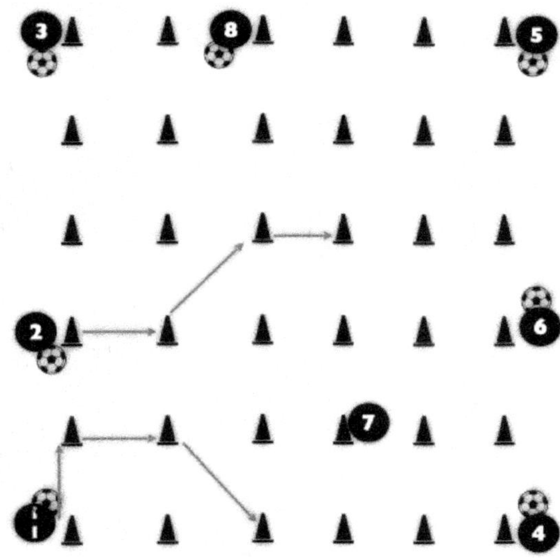

Ejercicio Nº 23	Objetivo técnico-táctico ppal.	Conducir el balón
	Objetivos Secundarios	Activación/distensión, competición, toma de decisiones.

Medios Técnico-Tácticos	**Medios técnicos:** - ATAQUE: Desplazamiento, manejo de balón, conducción, finta, regate, protección de balón, apoyo. - DEFENSA: Desplazamiento, entrada, acoso, interceptación, carga. **Intenciones tácticas:** - ATAQUE: Desbordar, proteger, desmarcarse, relacionarse, movilizar. - DEFENSA: Controlar el balón, acosar, obstruir, disuadir.		
Jugadores	10-20 jugadoras	Campo	15x15
Material	Balones, delimitadores del espacio.	Tiempo	8-12'

Explicación

El entrenador o entrenadora dirá dos números que corresponden a 2 jugadoras. Estas deben salir a por el balón situado en el centro del circulo y conducir sin que se lo robe la compañera. Ambas jugadoras podrán salir del circulo pero si la "red" formada por sus compañeras se cierra, la jugadora que quede fuera perderá un punto. En cualquier caso la jugadora con balón no podrá parar de conducir balón en ningún momento y ninguna de las dos podrá permanecer fuera de la "red" (continuo movimiento).

*La red se cierra cuando las jugadoras, contando del 1 al 20, llegan al número previamente pactado y que sus dos compañeras de en medio desconocen. Para aumentar el compromiso motor del resto de jugadoras podemos darle la función de comodines que apoyan con paredes al jugador con balón.

**Fomentar más la conducción para no abusar del regate.

Observaciones	Se trata de una tarea lúdica, para momentos de distensión o de calentamiento que supone un buen recurso para la tecnificación de la conducción así como para la repartición del foco atencional que además fomenta la comunicación y la toma de decisiones de nuestras jugadoras.

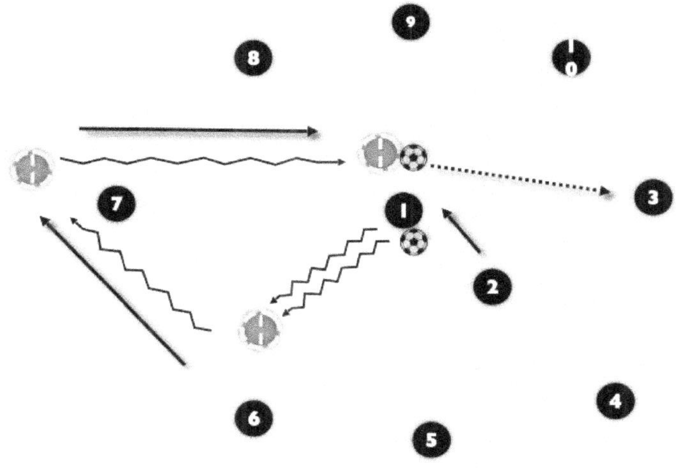

Ejercicio Nº 24	Objetivo técnico-táctico ppal.	Conducir el balón
	Objetivos Secundarios	Distensión/competición.

Medios Técnico-Tácticos	**Medios técnicos:** - ATAQUE: Desplazamiento, manejo de balón, conducción, finta, protección de balón.		
Jugadores	10-14	Campo	15x3m
Material	Balones.	Tiempo	10'

Explicación

Las jugadoras forman dos filas paralelas creando un pasillo central por el que tendrán que ir pasando las jugadoras del otro equipo de una en una. Ellas tendrán que atravesar el pasillo conduciendo el balón pegado al pie pudiendo ir a la velocidad deseada, realizar cambios de dirección o de ritmo, giros, fintas, protecciones...Mientras, las jugadoras de las filas deberán quitarle el balón de su control con sus balones realizando golpeos tensos y rasos sin moverse de su puesto en la fila. Las jugadoras podrán realizar tantos golpeos como balones tengan a su alcance.

Gana la jugadora a la que menos veces le hayan quitado/contactado el balón

Observaciones	Ejercicios analíticos bajo la herramienta del juego para realizar cientos de repeticiones sin apenas darte cuenta. El entrenador o entrenadora debe ser consciente que son pobres en contenido táctico pero muy eficaces para la mejora técnica de la jugadora.

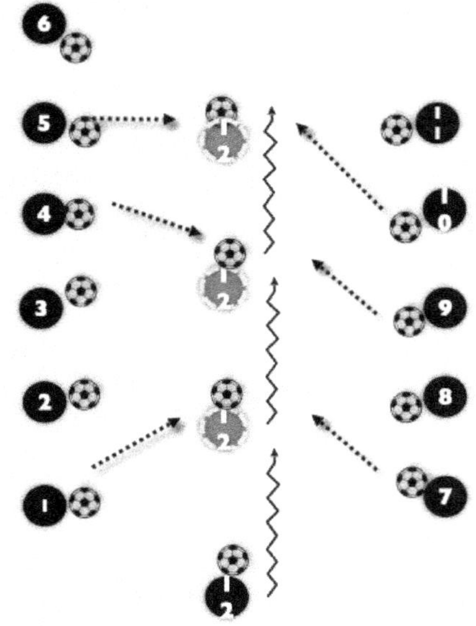

Ejercicio N° 25	Objetivo técnico-táctico ppal.	Conducir el balón
	Objetivos Secundarios	Progresión en amplitud, verticalidad, timing, comunicación.

Medios Técnico-Tácticos	**Medios técnicos:** - ATAQUE: Desplazamiento, manejo de balón, conducción, pase-recepción, finta, regate, protección de balón, apoyo, pared, cruce, creación-ocupación espacios, desmarque, ataque posicional. - DEFENSA: Desplazamiento, entrada, repliegue, interceptación, marcaje, vigilancia, carga **Intenciones tácticas:** - ATAQUE: Fijar, desbordar, proteger, atraer, desmarcarse, relacionarse, movilizar. - DEFENSA: Vigilar, obstruir, disuadir.

Jugadores	2 grupos de 10-14	Campo	35x45m
Material	Balones, petos, mini porterías.	Tiempo	10-15'

Explicación

Dividimos el terreno de juego en 2 zonas. El equipo en superioridad tendrá que encontrar los espacios y el tiempo adecuado para atravesar una de las 3 porterías conduciendo balón hasta llegar a la otra mitad del campo donde continuará la posesión.

Consigna: FIJAR: El equipo con balón busca progresar en amplitud. Están en superioridad numérica por lo que fijando a los rivales y movilizando el balón de un lado al otro pueden propiciar la **verticalidad** a través de las mini porterías.

Observaciones	Es importante observar a lo largo de la tarea la actitud decisional del jugador. Es decir, tenemos que prestar atención a que la jugadora con balón no abuse de la conducción y que valore continuamente cuando y como propiciarla y ejecutarla. Por ejemplo en este ejercicio la propuesta sería trabajar la intención táctica "Fijar al defensor" en situación de superioridad para aprovechar los espacios para conducir balón y progresar.

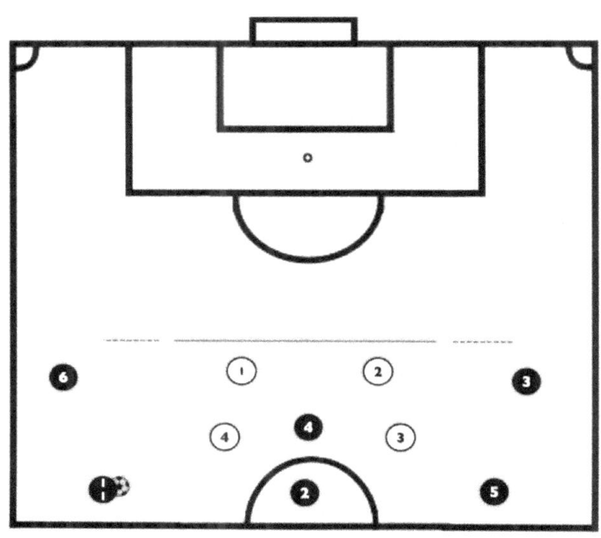

Ejercicio Nº 26	Objetivo técnico-táctico ppal.	Conducir el balón
	Objetivos Secundarios	Juego en amplitud, fijaciones, timing, comunicación.

Medios Técnico-Tácticos	**Medios técnicos:** - ATAQUE: Desplazamiento, manejo de balón, conducción, pase-recepción, finta, regate, protección del balón, apoyo, pared, cruce, creación-ocupación de espacios, desmarques, ataque posicional, cambio de orientación, desmarque. - DEFENSA: Desplazamiento, entrada, repliegue, interceptación, marcaje, vigilancia, carga, cobertura, permuta, cambio de oponente, marcaje zona/hombre, pressing, basculación. **Intenciones tácticas:** - ATAQUE: Fijar, desbordar, proteger, desmarcarse, atraer, relacionarse, movilizar. - DEFENSA: Controlar balón, vigilar, acosar, obstruir, disuadir.		
Jugadores	2 grupos de 10-14	Campo	35x45m
Material	Balones, petos y delimitadores del espacio.	Tiempo	20'

Explicación

Posesión de balón con consigna. La jugadora solo puede conducir en las zonas delimitadas y tras haber recibido un pase de el número que la precede. Si consigue progresar con el balón controlado por la zona y continuar con el balón jugado es punto.

*Se trata de una variante del ejercicio anterior donde buscamos el **juego en amplitud**, el lado débil y, en definitiva, la creación de espacios entre los defensores.

Observaciones	Es importante observar a lo largo de la tarea la actitud decisional del jugador. Es decir, tenemos que prestar atención a que la jugadora con balón no abuse de la conducción y que valore continuamente cuándo y cómo propiciarla y ejecutarla. Por ejemplo en este ejercicio la propuesta sería trabajar la intención táctica "Fijar al defensor" en situación de superioridad para aprovechar los espacios para conducir balón y progresar.

Ejercicio N° 27	Objetivo técnico-táctico ppal.	Conducir el balón
	Objetivos Secundarios	Posición corporal, control del bote, timing.

Medios Técnico-Tácticos	**Medios técnicos:** - ATAQUE: Desplazamiento, manejo de balón, conducción, pase-recepción, finta, regate, protección del balón, apoyo, pared, cruce, creación-ocupación de espacios, desmarques, ataque posicional, cambio de orientación, desmarque. - DEFENSA: Desplazamiento, entrada, repliegue, interceptación, marcaje, vigilancia, carga, cobertura, permuta, cambio de oponente, marcaje zona/hombre, pressing, basculación. **Intenciones tácticas:** - ATAQUE: Fijar, desbordar, proteger, desmarcarse, atraer, relacionarse, movilizar. - DEFENSA: Controlar balón, vigilar, acosar, obstruir, disuadir.

Jugadores	2 grupos de 10-14	Campo	35x45m
Material	Balones, petos, delimitadores del espacio.	Tiempo	20'

Explicación

Posesión de balón con consigna. Colocamos 4 triángulos en los vértices del cuadrado. Cada vez que una jugadora atraviese uno de los lados del triángulo y salga por otro de sus lados sumará un punto para su equipo.

*Planteamos una situación inicial de superioridad con comodines.

Observaciones	Esta tarea puede ser considerada como una evolución de las dos anteriores. Las jugadoras ya han asimilado lo que tienen que hacer y podemos lograr más velocidad e intensidad con conducciones más cortas y explosivas con continuos cambios de dirección. Puede resultar una excelente tarea de activación e incluso muy interesante como trabajo táctico.

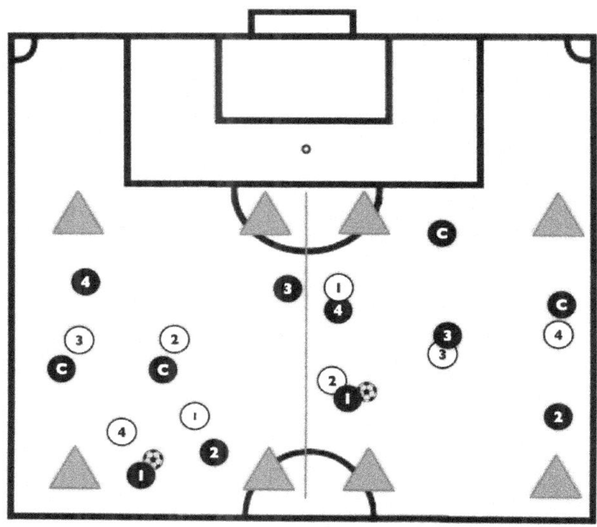

Ejercicio N° 28	Objetivo técnico-táctico ppal.	Conducir el balón
	Objetivos Secundarios	Control del balón y del timing en espacios reducidos, trabajo físico.

| Medios Técnico-Tácticos | **Medios técnicos:**
- ATAQUE: Desplazamiento, manejo de balón, conducción, pase-recepción, finta, regate, chut, apoyo, pared, cruce, creación-ocupación espacios, desmarque.
- DEFENSA: Desplazamiento, entrada, acoso, repliegue, despeje, pantalla, interceptación, marcaje, vigilancia, carga, cobertura, permuta, cambio de oponente,.
Intenciones tácticas:
- ATAQUE: Fijar, hacer gol, desbordar, desmarcarse, relacionarse, movilizar.
- DEFENSA: Controlar balón, vigilar, acosar, obstruir, disuadir. | | |

Jugadores	Por parejas.	Campo	45x45
Material	Balones, petos, delimitadores del espacio, picas, mini poterías	Tiempo	10-12'

Explicación

Creamos un circuito de 4 postas:

Zig-zag corto.

Zig-zag amplio.

Pilla-pilla en cuadrado.

2:2 espacio reducido.

*30"x 20" REST y cambio de posta.

Observaciones	Tarea analítica. Su aplicación táctica tiene que ver,en este caso, con situaciones de inferioridad donde buscamos conducciones lo más cortas posibles y en **espacios muy reducidos** para movilizar al equipo rival.

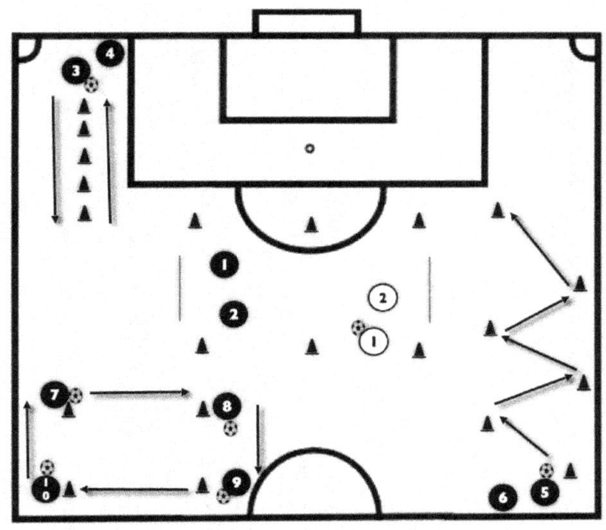

Ejercicio Nº 29	Objetivo técnico-táctico ppal.	Ataque posicional
	Objetivos Secundarios	Conducir balón, trabajo de percepción y decisión.

| Medios Técnico-Tácticos | **Medios técnicos:**
- ATAQUE: Desplazamiento, manejo del balón, conducción, pase-recepción, regate, finta, protección de balón, apoyo, pared, cruce, creación-ocupación de espacios, desmarque, ataque posicional, cambio de orientación.
- DEFENSA: Desplazamiento, entrada, acoso, despeje, interceptación, marcaje, vigilancia, carga, cobertura, permuta, cambio de oponente, pressing, basculación.
Intenciones tácticas:
- ATAQUE: Fijar, desbordar, proteger, atraer, desmarcarse, relacionarse, movilizar.
- DEFENSA: Fuera de juego, vigilar, acosar, obstruir, disuadir. | | |

Jugadores	2 grupo de 7- 10	Campo	45x45m
Material	Balones, petos, delimitadores del espacio.	Tiempo	10-20'

Explicación

Posesión con 2 zonas centrales y 2 laterales. En los carriles exteriores se sitúan 2 comodines ofensivos. En la zona central se jugará a 2 toques en igualdad numérica. Para puntuar se deben encontrar los espacios para que el algún comodín o el punta desborde a la línea de los centrales.

*Solo los comodines podrán estar en los carriles laterales. El punta solo puede estar en su franja y tendrá que decidir entre jugar de cara o darse la vuelta e intentar puntuar. Los centrocampistas deben buscar la máxima movilidad y la creación de espacios para poder abrir en profundidad con el comodín o conectar con el punta.

Observaciones	Colocamos la superioridad en banda para hacer ver a las jugadoras que buscamos explosividad y más libertad para la conducción en banda. En la zona central buscamos la continuidad de pases y la movilidad sin balón con el apoyo del punta.

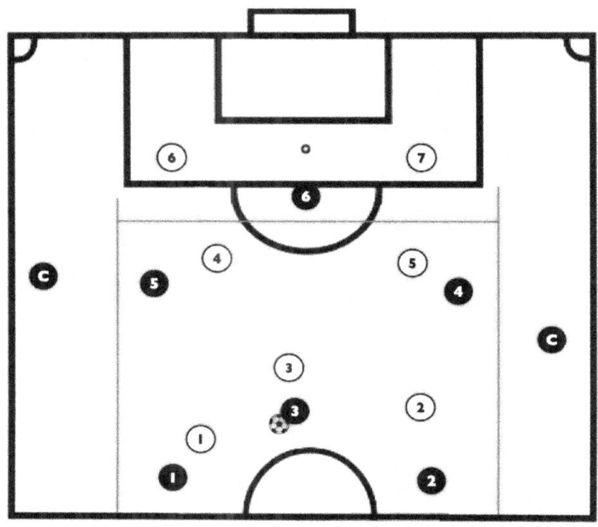

Ejercicio Nº 30	Objetivo técnico-táctico ppal.	Superar al defensor.
	Objetivos Secundarios	Finalizar en buena situación de tiro, engañar/superar al defensor, velocidad en la toma de decisión y en la ejecución.

| Medios Técnico-Tácticos | **Medios técnicos:**
- ATAQUE: Desplazamiento, manejo del balón, conducción, pase-recepción, regate, finta, protección de balón, apoyo, pared, cruce, creación-ocupación de espacios, desmarque, ataque posicional.
- DEFENSA: Desplazamiento, entrada, acoso, despeje, interceptación, marcaje, vigilancia, carga, cobertura, permuta, cambio de oponente, pressing, basculación.
Intenciones tácticas:
- ATAQUE: Fijar, hacer gol, desbordar, proteger, desmarcarse, atraer, relacionarse, movilizar.
- DEFENSA: Acosar, obstruir, disuadir. | | |

Jugadores	10-20	Campo	30x45m
Material	Balones, delimitadores del espacio, petos, picas, escaleras, vallas bajas.	Tiempo	10-15'

Explicación

Las jugadoras luchan por mantener la posesión del balón hasta que el entrenador/a indica un número. La jugadora que previamente haya seleccionado ese número saldrá de la posesión para realizar dos postas. Al salir deberá llegar antes que la compañera homóloga del otro grupo para coger el balón y finalizar lo antes posible (evitar largas situaciones de regateo).

*Tan importante es la buena ejecución del regate como el saber anticiparse para lo que se tiene que hacer antes y después. Buscamos también buenas definiciones.

Observaciones	Como ya adelantábamos en la conducción, en el regate y la finta tenemos que poner mucha atención en la toma de decisiones de la jugadora así como en la corrección del gesto técnico. Esta tarea resulta muy completa por tener situaciones aisladas de tecnificación como múltiples posibilidades de intenciones tácticas y resolución de problemas a través del regate y la finta.

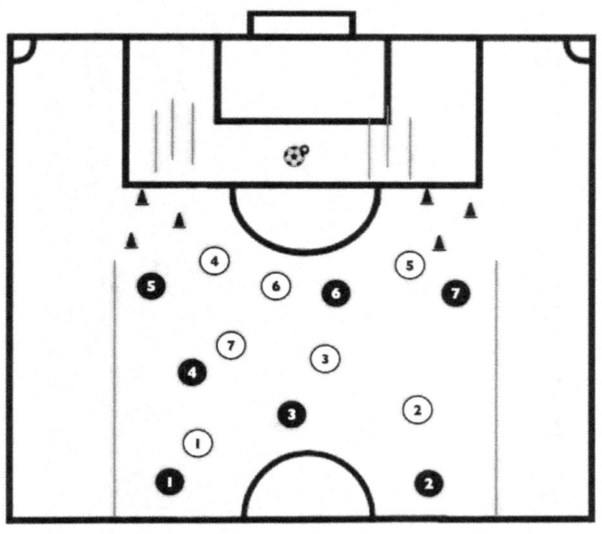

Ejercicio N° 31	Objetivo técnico-táctico ppal.	Regate y finta
	Objetivos Secundarios	Competición-distensión, velocidad de reacción, activación.

Medios Técnico-Tácticos	**Medios técnicos:** - ATAQUE: Desplazamiento, manejo de balón, conducción, finta, regate, protección de balón. - DEFENSA: Desplazamiento, entrada, acoso, marcaje, carga. **Intenciones tácticas:** - ATAQUE: Desbordar, proteger. - DEFENSA: Acosar, obstruir, disuadir.	
Jugadores	Por parejas.	Campo	15x10m
Material	Balones.	Tiempo	5-10'

Explicación

Con el balón situado entre ambas jugadoras, las jugadoras van reaccionando a las acciones que el entrenador va diciendo (hacia delante 2 pasos, hacia atrás, salto, me agacho, etc.) hasta que diga un número. Si el número es par, cogen balón y encaran las jugadoras de la izquierda; si es impar, encaran las de la derecha.

*Variante: Para potenciar la finta, lo mismo pero con el juego del pañuelo propiciando el engaño antes de tocar balón.

Observaciones	Ejercicios analíticos bajo la herramienta del juego para realizar cientos de repeticiones sin apenas darte cuenta. El entrenador o entrenadora debe ser consciente que son pobres en contenido táctico.

Ejercicio N° 32	Objetivo técnico-táctico ppal.	Regate y finta
	Objetivos Secundarios	Recuperación tras pérdida, timing, competición-distensión.

Medios Técnico-Tácticos	**Medios técnicos:** - ATAQUE: Desplazamientos, manejo de balón, conducción, chut, finta, regate, contraataque. - DEFENSA: Desplazamiento, entrada, repliegue, pantalla, marcaje, carga. **Intenciones tácticas:** - ATAQUE: Fijar, desbordar, hacer gol. - DEFENSA Obstruir, disuadir.		
Jugadores	3 grupos de 6 jugadoras	Campo	45x30m
Material	Balones.	Tiempo	1-15'

Explicación

Utilizaremos 4 porterías (una enfrente de la portería grande y otra a cada lado. Cada equipo se situará detrás de cada portería pequeña y sus jugadoras irán saliendo de una en una siguiendo la siguiente secuencia: Sale la jugadora de la portería 1 y realiza un 1:1 con finalización con la jugadora de la portería 2. En cuanto termine la jugada deberá defender un 1:1 con la jugadora que salga de la portería 3 buscando finalizar en la portería 4.

Los regates, las transiciones y las finalizaciones han de ser lo más cortas y explosivas posibles sin perder la eficacia y la buena toma de decisiones.

Observaciones	La tarea busca dotar de explosividad la realización del regate y hacer ver a la jugadora la importancia de perder balón y tener que recuperarlo (presión tras pérdida).

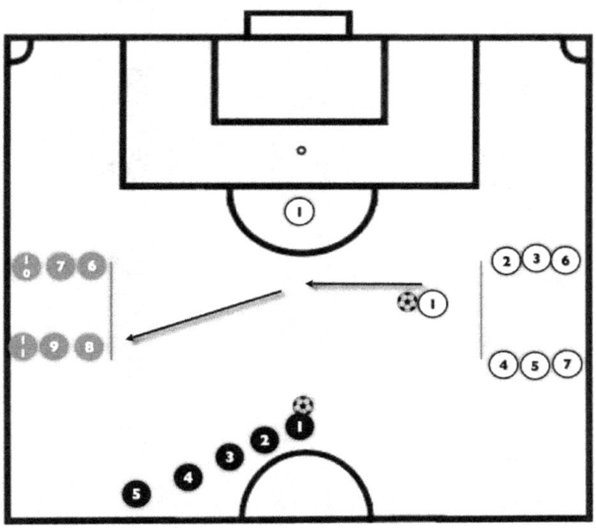

Ejercicio Nº 33	Objetivo técnico-táctico ppal.	Finalizar
	Objetivos Secundarios	Relacionarse con el compañero, aprovechar los espacios, verticalidad y velocidad.

| Medios Técnico-Tácticos | **Medios técnicos:**
- ATAQUE: Desplazamiento, manejo de balón, conducción, pase-recepción, chut, remate, finta, regate, apoyo, pared, cruce, creación-ocupación de espacios, desmarque, contraataque.
- DEFENSA: Desplazamiento, entrada, acoso, repliegue, despeje, pantalla, interceptación, marcaje, vigilancia, carga, marcaje zona/hombre, repliegue, pressing, basculación, fuera de juego.
Intenciones tácticas:
- ATAQUE: Fijar, desbordar, hacer gol, desmarcarse, atraer, relacionarse, movilizar.
- DEFENSA: Distancia, fuera de juego, vigilar, acosar, obstruir, disuadir. | | |

Jugadores	2 grupos de 10-14	Campo	45x45m
Material	Balones.	Tiempo	15'

Explicación

La jugadora número 1 inicia la tarea realizando 1:0. Una vez realiza el chut pasa a defender un 2:1. De la misma forma las jugadoras que han atacado se meten en la línea defensiva y sale la jugadora 1.Éstas defienden un 3:2. Finalmente se realizará un 4:3.

Observaciones	Componente táctico: superioridad Se plantean transiciones ataque defensa donde existe muchos espacios para el ataque. Deben finalizar lo más rápido posible.

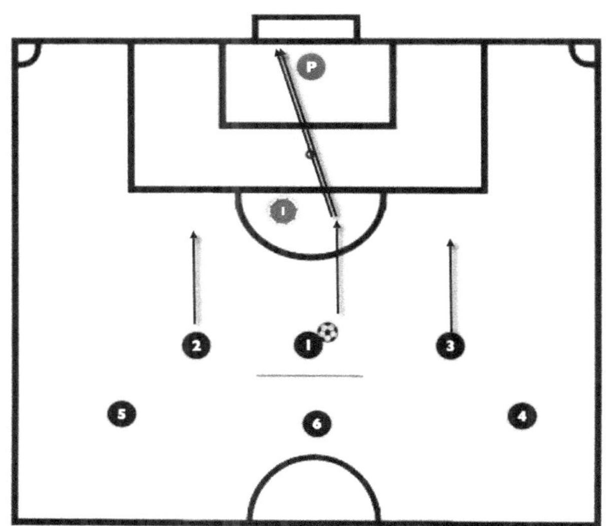

Ejercicio Nº 34	Objetivo técnico-táctico ppal.	Finalizar
	Objetivos Secundarios	Relacionarse con el compañero, aprovechar los espacios, verticalidad y velocidad.

| Medios Técnico-Tácticos | **Medios técnicos:**
- ATAQUE Desplazamiento, manejo de balón, conducción, pase-recepción, chut, remate, finta, regate, apoyo, pared, cruce, creación-ocupación de espacios, desmarque, contaataque.
- DEFENSA: Desplazamiento, entrada, acoso, repliegue, despeje, pantalla, interceptación, marcaje, vigilancia, carga, fuera de juego.
Intendiones tácticas:
- ATAQUE: Fijar, desbordar, hacer gol, desmarcarse, atraer, relacionarse, movilizar.
- DEFENSA: Distancia, fuera de juego, vigilar, acosar, obstruir, disuadir. | | |

Jugadores	2 grupos de 10-14	Campo	20x40m
Material	Balones.	Tiempo	10'

Explicación
Finalizaciones con limite de tiempo, cuanto mas tardes, mas defensas se incorporan Las jugadoras atacantes entran en el área para realizar un 2:1. Por cada 5" entra un defensor más. La siguiente vez, 3:3. La tercera ronda 4:5.

Observaciones	Finalizar es un principio de juego en el que culminan los dos anteriores. La propuesta técnico-táctica es responder en zona 3 de la forma más rápida y eficaz posible.

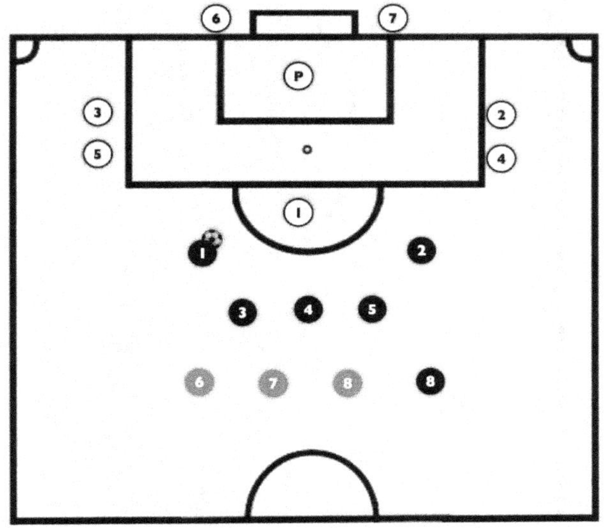

Ejercicio Nº 35	Objetivo técnico-táctico ppal.	Finalizar
	Objetivos Secundarios	Trabajo físico (coordinativo, pliométrico, cardiorrespiratorio...)

Medios Técnico-Tácticos	**Medios técnicos:** - ATAQUE: Desplazamiento, manejo de balón, conducción, pase-recepción, chut, finta, regate, protección de balón, apoyo. - DEFENSA: Desplazamiento, entrada, pantalla, interceptación, marcaje, carga. **Intenciones tácticas:** - ATAQUE: Fijar, hacer gol, desbordar, desmarcarse, atraer, relacionarse, movilizar. - DEFENSA: Controlar balón, vigilar, acosar, obstruir, disuadir.		
Jugadores	15	Campo	45x45
Material	Balones, picas, setas y vallas .	Tiempo	10-12'

Explicación

Postas más finalización.

Las jugadoras se distribuyen equitativamente por cada posta (2). La primera posta, empezando por la izquierda, se compone de una conducción en zig- zag corto + cambio de dirección y de ritmo hacia un zig-zag largo; pasa el balón al comodín que deja de cara y la jugadora golpea a puerta.

Por la otra banda se realiza la otra posta que se compone de otro zig-zag corto + salto con rodillas arriba + agilidad en picas. De la misma manera, se relaciona con el comodín para finalizar.

Esas dos jugadoras que acaban de realizar su posta entran al doble área en espacio reducido y salen las que hayan perdido o las que más tiempo lleven.

Observaciones	Durante el juego las situaciones de tiro pueden ser muy escasas y a consecuencia de un largo trabajo físico. Esta tarea es una forma de trabajar situaciones en las que la respuesta ha de ser tan rápida como adecuada y eficaz.

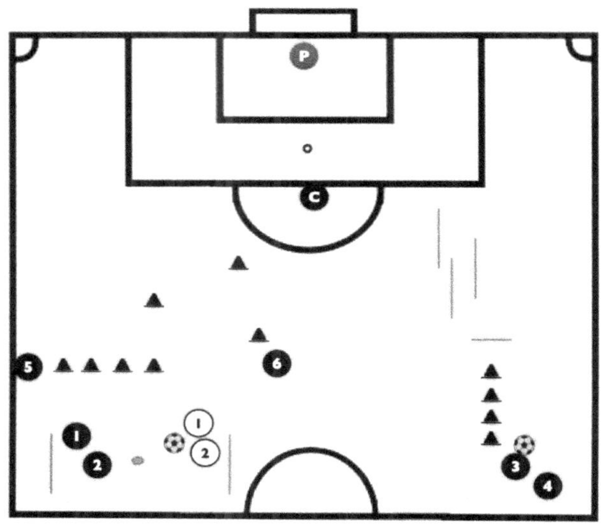

Ejercicio Nº 36	Objetivo técnico-táctico ppal.	Finalizar
	Objetivos Secundarios	Posición corporal, pasar y recibir, movilidad.

Medios Técnico-Tácticos	**Medios técnicos:** - ATAQUE: Desplazamiento, manejo de balón, pase-recepción, chut, finta, regate, apoyo, pared. **Intenciones tácticas:** - ATAQUE: Hacer gol, desmarcarse, relacionarse, movilizar.		
Jugadores	2 grupos de 10-14	Campo	40x45 m
Material	Balones.	Tiempo	10'

Explicación

RUEDA DE PASES CON FINALIZACIÓN

Situamos a las jugadoras en 2 grupos para mantener el trabajo de finalización desde ambos lados.

*Cada jugadora debe permanecer durante 2 finalizaciones en su posición antes de rotar.

*Una vez la tarea esté asimilada, cada central toca directamente con su lateral.

*Juego a 2 toques.

Observaciones	Durante el juego las situaciones de tiro puede ser que necesiten de una larga elaboración para lograr crear espacios, poder profundizar y finalmente obtener una situación optima de tiro. Esta tarea es una forma de trabajar dichas situaciones.

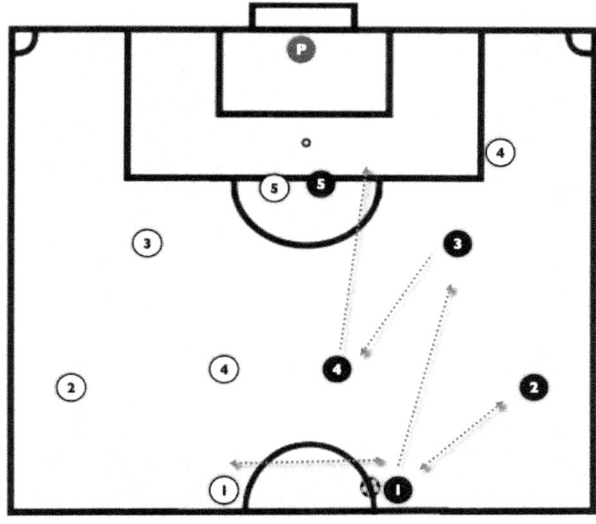

Ejercicio Nº 37	Objetivo técnico-táctico ppal.	Finalizar
	Objetivos Secundarios	Buscar apoyos, relacionarse, crear y aprovechar espacios.

| Medios Técnico-Tácticos | **Medios técnicos:**
- ATAQUE: Desplazamiento, manejo de balón, conducción, pase-recepción, chut, remate, finta, regate, protección de balón, apoyo, pared, cruce, creación-ocupación de espacios, apoyo por detrás, desmarque, ataque posicional, contraataque, cambio de orientación, desmarque.
- DEFENSA: Desplazamiento, entrada, acoso, repliegue, despeje, pantalla, interceptación, marcaje, vigilancia, carga, cobertura, permuta, cambio de oponente, repliegue, pressing, basculación, fuera de juego.
Intenciones tácticas
- ATAQUE: Fijar, hacer gol, desbordar, proteger, desmarcarse, relacionarse , atraer, movilizar.
- DEFENSA: Controlar balón, distancia, fuera de juego, vigilar, acosar, obstruir, disuadir. | | |

Jugadores	2 grupos de 10-14	Campo	30x40
Material	Balones.	Tiempo	10-15'

Explicación

Partido condicionado. La única forma de sumar punto es finalizar con un tiro desde fuera del área tras una dejada de cara.

*Necesario mucha movilidad del punta y del juego entre líneas por el medio.

**Creatividad guiada (búsqueda de triangulaciones, cambios de orientación) para la creación de espacios.

Observaciones	Durante el juego las situaciones de tiro puede ser que necesiten de una larga elaboración para lograr crear espacios, poder profundizar y finalmente obtener una situación optima de tiro. Esta tarea es una forma de trabajar dichas situaciones.

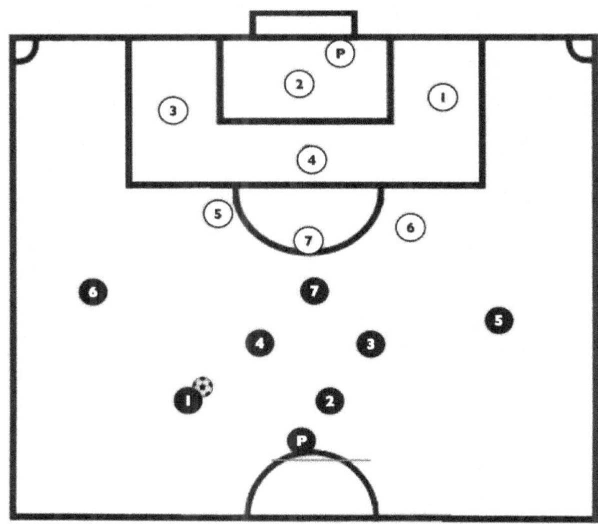

Ejercicio N° 38	Objetivo técnico-táctico ppal.	El tiro
	Objetivos Secundarios	Competición/distensión.

Medios Técnico-Tácticos	**Medios técnicos:** - ATAQUE: Desplazamiento, manejo de balón, chut. **Intenciones táctica:** - ATAQUE: Hacer gol.		
Jugadores	2 grupos de 8	Campo	Medio campo de fútbol 11 (aprovechar finalizaciones portería F11 y las 2 porterías de F7.
Material	Balones, aros, petos, mini porterías.	Tiempo	10-20'

Explicación

JUEGOS DE PUNTERÍA: se proponen 4 juegos perfectamente integrables en un circuito de tecnificación.

2 minutos por estación. Al acabar, el equipo que más goles realice será el ganador.

1.Finalizo a la media vuelta con portero.

2.Golpeo al larguero.

3.Golpeo con efecto desde esquina para marcar en las mini porterías situadas al lado de cada palo.

4. Darle a las crucetas de la portería.

Observaciones	Ejercicios analíticos bajo la herramienta del juego para realizar cientos de repeticiones sin apenas darte cuenta. El entrenador o entrenadora debe ser consciente que son pobres en contenido táctico pero muy eficaces para la mejora técnica de la jugadora.

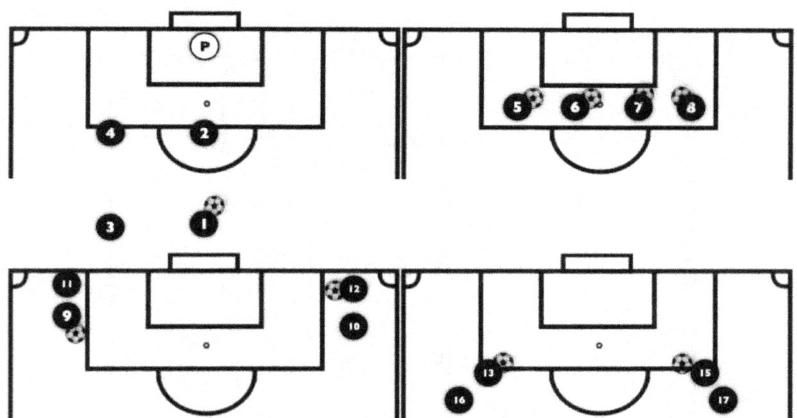

Ejercicio N° 39	Objetivo técnico-táctico ppal.	Blocar
	Objetivos Secundarios	Competición-distensión, saque, activación...

Medios Técnico-Tácticos	**Medios técnicos:** - PORTERO: Pases, saques, posición básica, desplazamientos, blocaje.		
Jugadores	2 grupos de 10-14	Campo	15x30m
Material	Balones.	Tiempo	10'

Explicación

Las porteras realizan un 1:1. La forma de meter gol es realizando saques con el pie y por el aire. La forma de evitarlo es blocando el balón. Gana la portera que realice eficaz mente mayor número de blocajes.

Para hacerlo más lúdico podemos ir reduciendo la distancia entre las porterías.

Observaciones	Adecuar a las demandas fisiológicas de la posición, (entrenamientos muy explosivos) táctica y toma de decisión Importante también recurrir al aspecto lúdico y favorecer la relación entre porteras así como la competencia y cooperación. No aislar siempre al grupo de porteras. Integrarlas con el equipo e incluso hacerlas jugar con los pies y meter dentro de las jugadas (salida de balón e inicio del ataque).

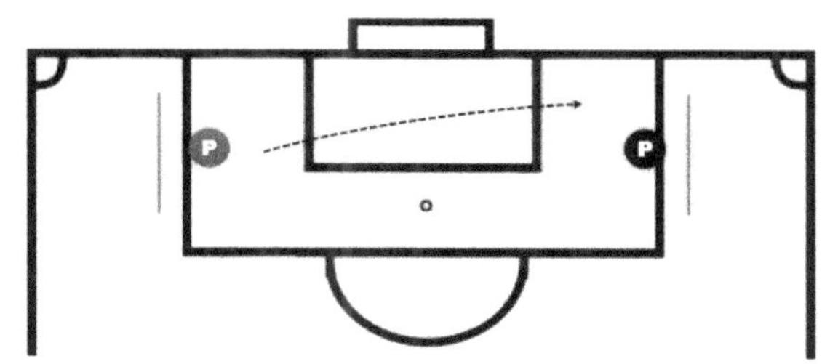

Ejercicio Nº 40	Objetivo técnico-táctico ppal.	Desvío	
	Objetivos Secundarios	Trabajo físico/Activación, competición/ distensión.	
Medios Técnico-Tácticos	**Medios técnicos:** - PORTERO: Posición básica, desplazamientos, caídas, recepción, desvío, salidas.		
Jugadores	2-4	Campo	10x40
Material	Balones, pelotas de tenis, balones de diferente tamaño y peso.	Tiempo	10'
Explicación			

La portera, mirando hacia la portería irá cogiendo las pelotas de tenis que se le irán lanzando a ambas manos alternativamente. Cuando se le de la señal, se girará y desviará el móvil que se le chute. Desconoce el tamaño y peso del esférico, el punto de origen y la trayectoria que va a seguir. La portera deberá desviar la trayectoria del esférico reaccionando rápidamente al estímulo.

*Podemos utilizar materiales que puedan cambiar la trayectoria como superficies elásticas, paredes...

Observaciones	Entendemos la acción del desvío como una respuesta inmediata y necesaria del portero ante un balón que percibe cuando ya está muy próximo a el. Por lo tanto se trata de un entrenamiento basado en una buena percepción, toma de decisión y rapidez en la ejecución del movimiento. Por eso realizaremos golpeos con diferentes balones y pelotas y variando la trayectoria y la velocidad de los mismos.

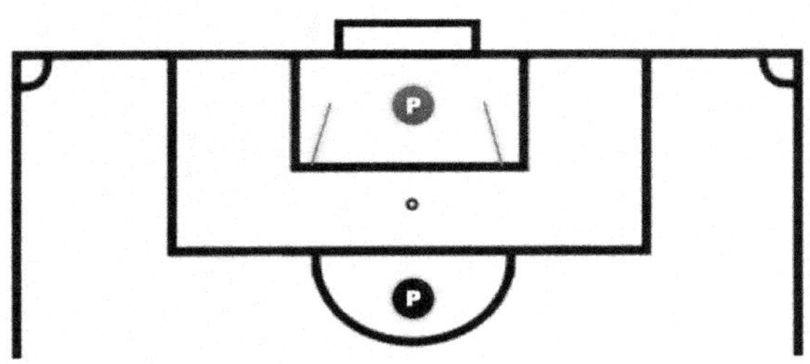

Ejercicio Nº 41	Objetivo técnico-táctico ppal.	Despejar
	Objetivos Secundarios	Integración portera-jugadoras, timing, toma de decisiones, comunicación.

Medios Técnico-Tácticos	**Medios técnicos:** - PORTERO: Posición básica, desplazamientos, despejes.		
Jugadores	3 equipos de 6+2 comodines	Campo	30x25m
Material	Balones, una portería, delimitadores del espacio y petos..	Tiempo	10-15'

Explicación

Cada equipo puede marcar gol a través de un centro al punto de penalti que sea rematado por un compañero. El equipo que defienda esa jugada, puede ganar punto si su portera despeja el balón, si el balón lo coge una de su equipo, son 2 puntos.

*Fomentar balones aéreos.

Observaciones	La función decisional del portero en estas situaciones es tan importante como una buena ejecución. Por ello integramos el trabajo de la portera en una situación de global y adaptada.

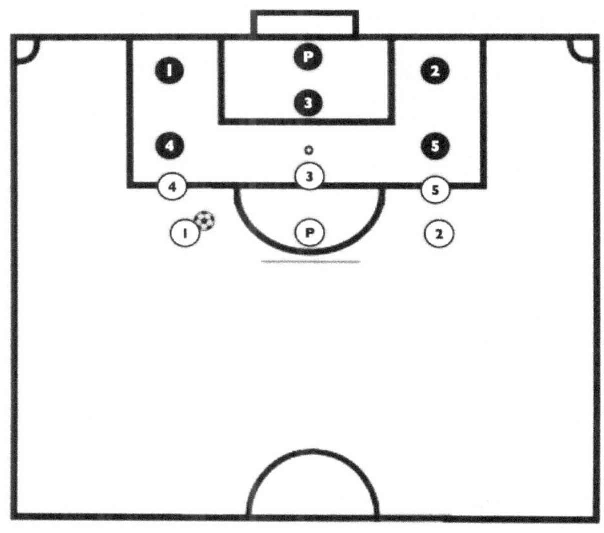

Ejercicio N° 42	Objetivo técnico-táctico ppal.	Despejar
	Objetivos Secundarios	Competición-distensión.

Medios Técnico-Tácticos	**Medios técnicos:** - PORTERO: Posición básica, despeje.		
Jugadores	2-4	Campo	15x30m
Material	Balones.	Tiempo	10'

Explicación

Las porteras se sitúan en su portería . Empieza la secuencia con un golpeo aéreo que la otra portera tendrá que despejar intentando que vaya a la otra portera con un solo toque. En el momento de que una portera no continúe con la cadena de despejes o falle en la orientación del mismo, pierde una vida.

*Si la tarea es nueva para las porteras, los golpeos que tienen que despejar es preferible que sean aéreos y similares dentro de lo que cabe para que asimilen la dinámica del juego. Una vez la hayamos realizado más veces podemos jugar con distintos tipos de despejes.

Observaciones	Ejercicios analíticos bajo la herramienta del juego para realizar cientos de repeticiones sin apenas darte cuenta. El entrenador o entrenadora debe ser consciente que son pobres en contenido táctico. Por sus características, es una tarea muy adecuada para la activación, en circuitos de tecnificación e incluso para sesiones de distensión.

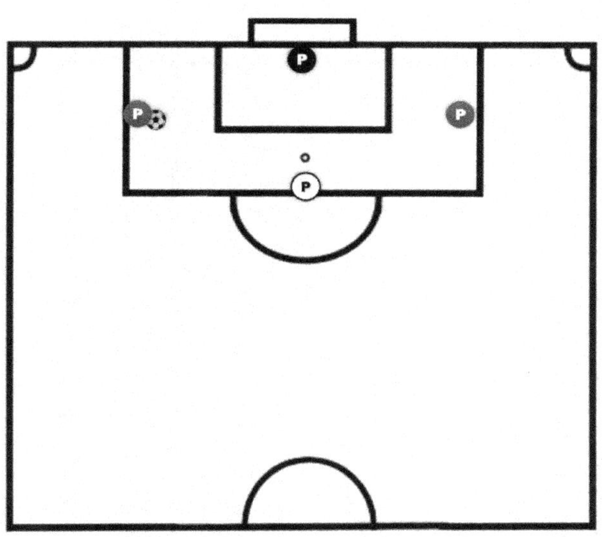

Ejercicio Nº 43	Objetivo técnico-táctico ppal.	Rechazar
	Objetivos Secundarios	Comunicación

Medios Técnico-Tácticos	**Medios técnicos:** - PORTERO: Posición básica, desplazamientos, caídas, rechace.		
Jugadores	12-18	Campo	30x45m
Material	Balones, petos, delimitadores del espacio.	Tiempo	10'

Explicación

Posesión con portería de doble entrada

Situamos una portería en medio del campo de la posesión. Las jugadoras con balón podrán finalizar desde ambos lados de la portería.

*Es interesante trabajar en un espacio reducido para que la portera tenga más actividad y más exigencia posicional y de respuesta.

Observaciones	Lo más adecuado sería integrar esta tarea en un trabajo continuo del rechace, es decir, la entrenadora de porteras ha trabajado previamente en el mismo entrenamiento de forma analítica el rechace y ahora lo integramos en una situación global adaptada.

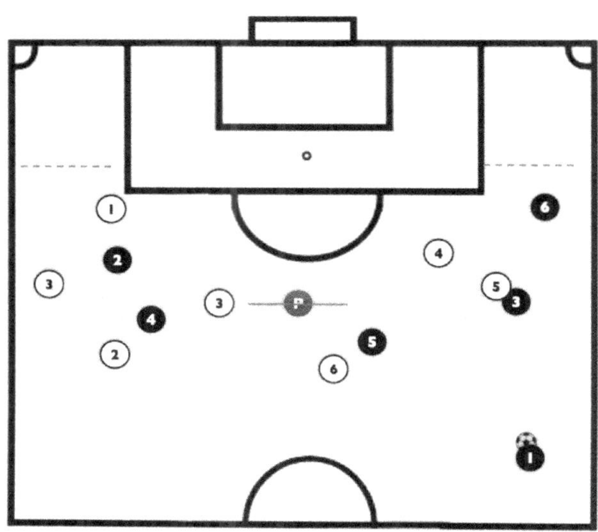

Ejercicio Nº 44	Objetivo técnico-táctico ppal.	Juegar con los pies
	Objetivos Secundarios	Integración portera-jugadoras, comunicación, salida de balón/presión alta.

Medios Técnico-Tácticos	**Medios técnicos:** - PORTERO: Pases, saques, posición básica, desplazamientos.		
Jugadores	Grupos de 6-8	Campo	45x45m
Material	Balones y petos.	Tiempo	10-15'

Explicación

La portera inicia jugada con un balón largo hacia el centro de campo o hacia las bandas. Ese balón se desecha y saca en corto con la secuencia propuesta en el ejemplo (P-1-P-2-3-4-5).

* Se muestra un ejemplo con una salida de balón creada para un equipo que quiera salir jugado desde abajo focalizando en el papel decisional y de ejecución de las porteras.

Observaciones	Contenido táctico: salida de balón/inicio de jugada Esta tarea tiene sentido tras un trabajo previo analítico de coordinación y toque de balón, control y pase.

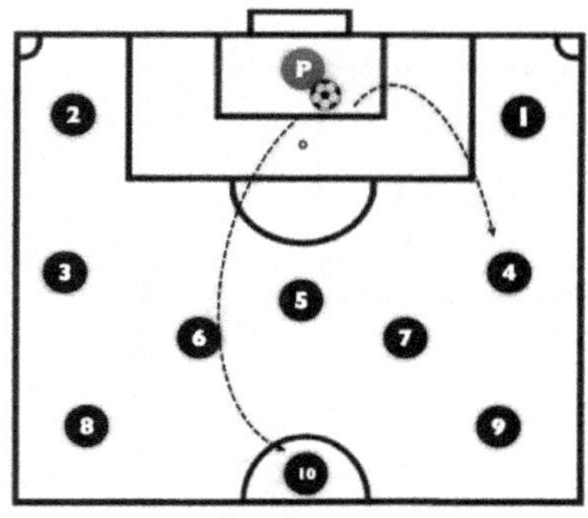

Ejercicio Nº 45	Objetivo técnico-táctico ppal.	Entradas y salidas
	Objetivos Secundarios	Integración portera-jugadoras, comunicación

Medios Técnico-Tácticos	**Medios técnicos:** - PORTERO: Pases, saques, posición básica, desplazamientos, caídas, salidas.		
Jugadores	10-14	Campo	15x20m
Material	Balones, petos, delimitadores del espacio.	Tiempo	10'

Explicación

Situamos un doble área en espacio reducido con 2 puntos de penalti donde se disputa un rey de la pista con 3 o 4 equipos. El juego se desarrolla normal hasta que se produzca una falta que será castigada con un penalti. La forma de ejecutar el penalti será con un 1:1 con el portero. Para hacer gol deberá superar al portero y finalizar entre los 3 palos.

Observaciones	En cualquier caso debemos fomentar el trabajo específico del objetivo indicado realizando los cambios oportunos en el desarrollo de la tarea para que las porteras realicen el mayor número posible de repeticiones de calidad.

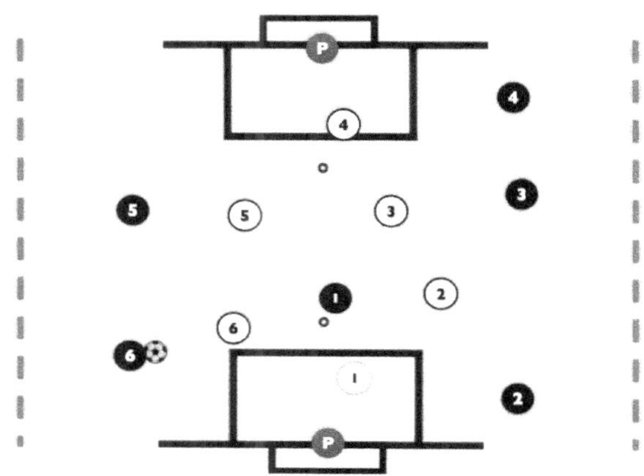

Ejercicio Nº 46	Objetivo técnico-táctico ppal.	Entradas y salidas
	Objetivos Secundarios	Integración portera-jugadoras, comunicación, competición-distensión.

Medios Técnico-Tácticos	**Medios técnicos:** - PORTERO: Pases, saques, posición básica, desplazamientos, salidas.		
Jugadores	Grupos de 8 + 2 porteras	Campo	20x20m
Material	Balones.	Tiempo	10'

Explicación

Situamos un doble área es espacio reducido con una red en medio. Las porteras tendrán que conectar con sus jugadoras pasando el balón por encima de la red y estas finalizar jugada. La portera rival debe impedirlo saliendo a por el balón para sumar un punto para su equipo (si no se produce el gol pero igualmente la portera no ha interactuado provocando el fallo mediante una entrada/salida, no sumarán punto).

En campo propio solo podrán defender 2 jugadoras del mismo equipo incluyendo a la portera.

Observaciones	En cualquier caso debemos fomentar el trabajo específico del objetivo indicado realizando los cambios oportunos en el desarrollo de la tarea para que las porteras realicen el mayor número posible de repeticiones de calidad.

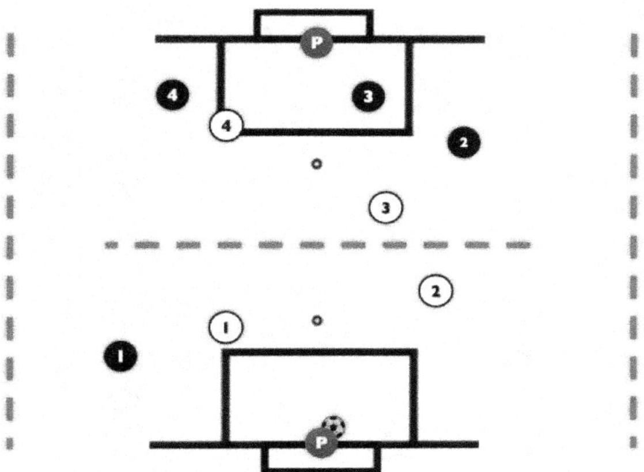

Ejercicio N° 47	Objetivo técnico-táctico ppal.	Entrar y cargar
	Objetivos Secundarios	Timing, toma de decisiones, comunicación, comunicación motriz.

Medios Técnico-Tácticos	**Medios técnicos:** - ATAQUE: Desplazamientos, manejo de balón, conducción, pase-recepción, finta, regate, protección del balón. - DEFENSA: Desplazamiento, acoso, marcaje y carga. **Intenciones tácticas:** - ATAQUE: Fijar, proteger, desmarcarse, relacionarse, movilizar. - DEFENSA: Acosar y obstruir.		
Jugadores	Grupos de 3	Campo	30x30m
Material	Balones, delimitadores de espacio.	Tiempo	7'

Explicación

El jugador número 1 realiza un pase al jugador número 2. Tiene 3 opciones en función de como se la pida el jugador 2: Al espacio, al pie o llegar a recibir. La jugadora número 3 (defensa) deberá interpretar la situación para saber como acosar a su marca y entrar y cargar en el momento preciso y de la forma correcta para recuperar el balón o forzar una pérdida sin hacer falta.

Cambio de rol tras 1'.

Observaciones	Prestar especial atención a las exigencias técnicas, a la toma de decisiones de las jugadoras y a la intensidad. Pudiendo ser un buen ejercicio analítico para la activación de las jugadoras.

Ejercicio N° 48	Objetivo técnico-táctico ppal.	Entrar y cargar
	Objetivos Secundarios	Distensión

Medios Técnico-Tácticos	**Medios técnicos:** - ATAQUE: Desplazamiento, manejo de balón, conducción, finta, regate, protección de balón. - DEFENSA: Desplazamiento, entrada y carga. **Intenciones tácticas:** - ATAQUE: Proteger, desbordar, movilizar. - DEFENSA: Acosar, obstruir.			
Jugadores	-		Campo	Área grande
Material	Balones.		Tiempo	5-10'

Explicación

Pilla pilla.

El jugador sin balón tendrá que pillar a cualquiera de sus compañeros, los cuales estarán cada uno con un balón. La forma de pillar será realizando entradas o cargas sin realizar falta. Los jugadores con balón estarán conduciendo, realizando acciones de habilidad o transportando el balón con diferentes partes del cuerpo según se vaya indicando por los entrenadores/as.

Observaciones	Tarea lúdica adecuada para el momento de activación.

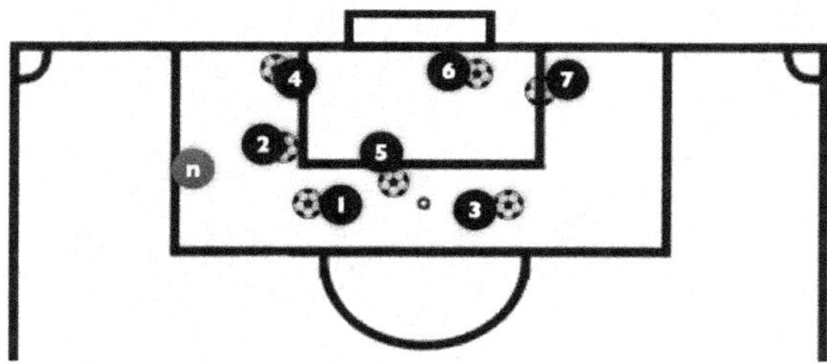

Ejercicio Nº 49	Objetivo técnico-táctico ppal.	Entrar y cargar
	Objetivos Secundarios	Timing, toma de decisiones, comunicación, comunicación motriz.
Medios Técnico-Tácticos	**Medios técnicos:** - ATAQUE: Desplazamientos, manejo de balón, conducción, pase-recepción, finta, regate, protección del balón. - DEFENSA: Desplazamiento, acoso, marcaje y carga. **Intenciones tácticas:** - ATAQUE: Fijar, desbordar, proteger, relacionarse, movilizar. - DEFENSA: Distancia, vigilar, acosar, obstruir, disuadir.	
Jugadores	Grupos de 3	Campo · 10x10 m
Material	Balones, petos, delimitadores del espacio.	Tiempo · 10'

Explicación

Enfrentamientos de 1:1 con comodín atacante. La JSB debe recuperar el balón mediante una entrada o carga. JCB debe meter gol en la portería rival con el apoyo del comodín.. Cambio de comodín tras 1'.

Observaciones	Ejercicio analítico previo a una trabajo global defensivo. Debemos prestar atención a las decisiones de JCB a la hora de entrar o cargar. Cosas a observar: Que evite ser fijado o desbordado y demasiada pasividad y no tapar línea de pase por realizar la entrada a destiempo, visión periférica campo visual amplio que englobe a ambos jugadores, posición de espera lateral

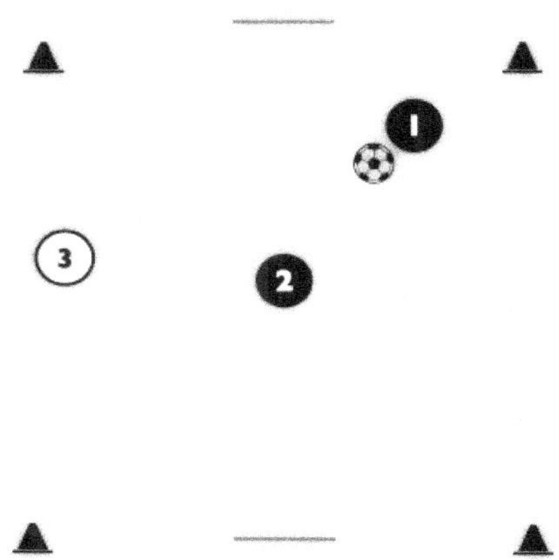

Ejercicio Nº 50	Objetivo técnico-táctico ppal.	Anticiparse
	Objetivos Secundarios	Interceptar, posición corporal, defensa en inferioridad.

Medios Técnico-Tácticos	**Medios técnicos:** - ATAQUE: Desplazamiento, manejo de balón, finta, protección de balón, apoyo, pared, cruce, creación/ocupación de espacios. - DEFENSA: Desplazamiento (defensivo), pantalla, interceptación, vigilancia. **Intenciones tácticas:** - ATAQUE: Fijar, desbordar, atraer, relacionarse, movilizar. - DEFENSA: Distancia, vigilar, obstruir.		
Jugadores	Grupos de 3.	Campo	10x10 m
Material	Balones, petos y delimitadores del espacio.	Tiempo	10'

Explicación

Las JCB fijarán verbalmente un número de pases antes de salir del cuadrado. La JSB deberá visualizar el 2:1 y anticiparse al pase al hueco para cortarlo. Rotamos cada 2' aproximadamente.

Observaciones	Ésta es una tarea analítica donde aislamos una situación de juego donde es importante que focalicemos la atención de la jugadora sin balón en el trabajo posicional y la visión periférica para tapar la línea de pase haciéndole entender que sus rivales están en superioridad y no puede perder la posición.

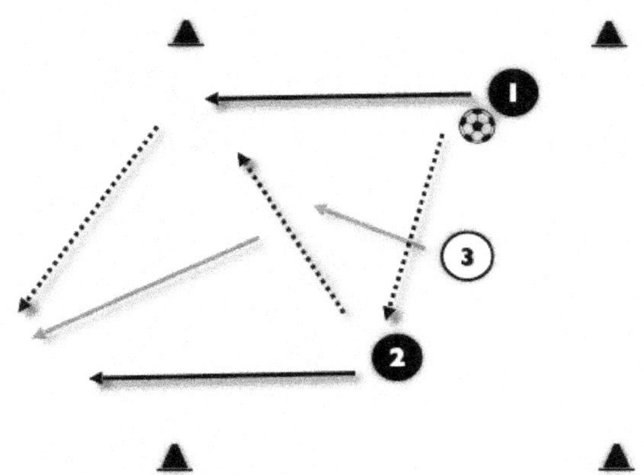

Ejercicio Nº 51	Objetivo técnico-táctico ppal.	Anticiparse
	Objetivos Secundarios	Trabajo físico, recuperación de balón.

Medios Técnico-Tácticos	**Medios técnicos:** - ATAQUE: Desplazamientos, manejo de balón, conducción, pase-recepción, finta, regate, protección del balón - DEFENSA: Desplazamiento, acoso,. **Intenciones tácticas:** - ATAQUE: Relacionarse, movilizar. - DEFENSA: Distancia, vigilar, acosar, obstruir, disuadir.		
Jugadores	2 grupos de 10-14	Campo	30x40m
Material	Balones, petos, picas, aros, setas, escalera de coordinación, vallas...	Tiempo	10-20'

Explicación

Las jugadoras del equipo blanco (defensas) salen de dos en dos para realizar un circuito físico/coordinativo/técnico para meterse finalmente a un rondo (5:2) donde permanecerán hasta robar balón o hasta que el equipo negro encadene 6 pases seguidos. Al transcurrir la mitad del tiempo cambiamos el rol de los equipos.

*Es importante, en este caso, atender y corregir la posición de las 2 jugadoras (una acosa y la otra tapa líneas de pase).

Observaciones	El trabajo físico-coordinativo complementa el trabajo defensivo que queremos meter a nuestras jugadoras, en este caso, la anticipación que podemos completar con la intencionalidad de la presión tras pérdida.

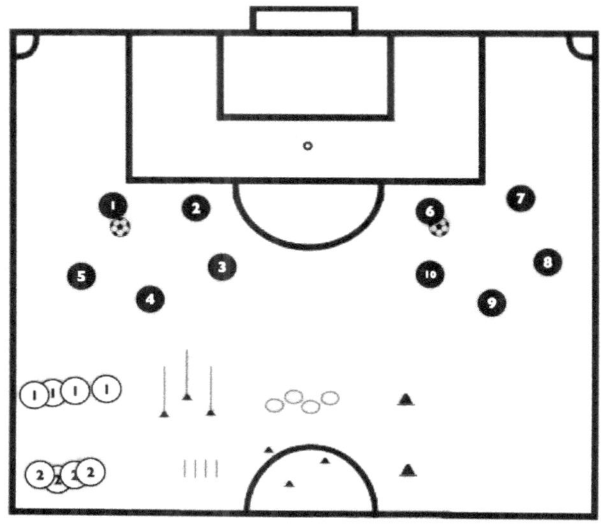

Ejercicio N° 52	Objetivo técnico-táctico ppal.	Anticiparse
	Objetivos Secundarios	Defensa en zona 1 (bloque bajo), timing, toma de decisión

Medios Técnico-Tácticos	**Medios técnicos:** - ATAQUE: Desplazamientos, manejo de balón, conducción, pase-recepción, finta, regate, protección del balón - DEFENSA: Desplazamiento, acoso,. **Intenciones tácticas:** - ATAQUE: Relacionarse, movilizar. - DEFENSA: Distancia, vigilar, acosar, obstruir, disuadir.		
Jugadores	2 grupos 4-10	Campo	45x45m
Material	Balones, petos.	Tiempo	20-25'

Explicación

Las jugadoras del equipo atacante realizan dos tipos de jugadas:

1. Triangulaciones + pase en profundidad en banda buscando el 2:1 en el lado débil.

2. Ruptura de líneas y penetraciones frontales

El equipo que defiende deberá anticiparse a sus movimientos.

Observaciones	Para que la tarea se desarrolle adecuadamente debemos ser conscientes de que los primeros minutos o incluso las primeras veces que lo realicemos será menos fluida. Sin embargo es fundamental que el equipo atacante tenga claro el objetivo de sus jugadas y que el equipo que defiende esté observando la actitud del equipo atacante para **defender desde la anticipación**.

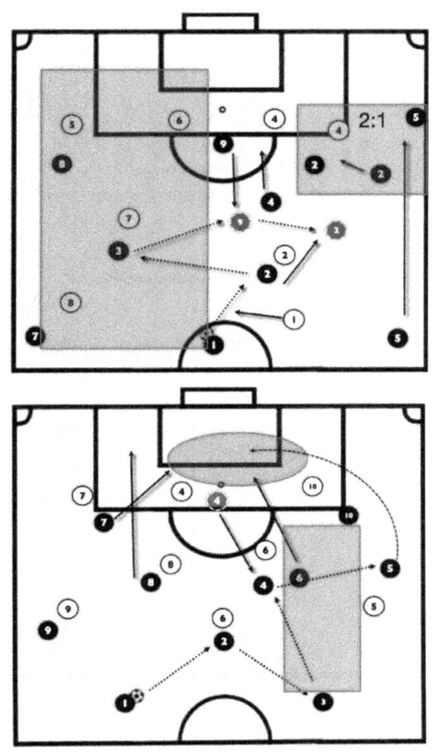

Ejercicio N° 53	Objetivo técnico-táctico ppal.	Presión orientada
	Objetivos Secundarios	Anticiparse, salida de balón.

Medios Técnico-Tácticos	**Medios técnicos:** - ATAQUE: Desplazamiento, manejo de balón, conducción, pase-recepción, finta, regate, protección de balón, apoyo, pared, cruce, creación/ocupación de espacios, desmarque, ataque posicional, cambio de orientación. - DEFENSA: Desplazamiento, entrada, acoso, pantalla, intercepción, marcaje, vigilancia, carga. **Intenciones tácticas:** - ATAQUE: Relacionarse, movilizar - DEFENSA: Controlar balón, vigilar, acosar, obstruir, disuadir.

Jugadores	2 grupos de 7-9	Campo	45x45
Material	Balones, petos.	Tiempo	20'

Explicación

Trabajo de la presión orientada a banda. Las JCB realizarán un saque de puerta en corto con salida de balón desde abajo. Las JSB realizarán una presión alta orientada a banda. En el ejemplo se muestra como se deja al lateral izquierdo con una vigilancia y al resto de la línea defensiva con marcaje individual. La defensa tendrá que jugar el balón en largo o abrir a su lateral izquierdo. Si abre a banda, el extremo derecho deberá *anticiparse* y bascular rápidamente hacia allí para acosarle y con él todo el su equipo.

Observaciones	Con esta tarea se trabaja el inicio de la actitud defensiva desde la primera línea de ataque (principio del juego: Recuperar balón y Evitar la progresión).

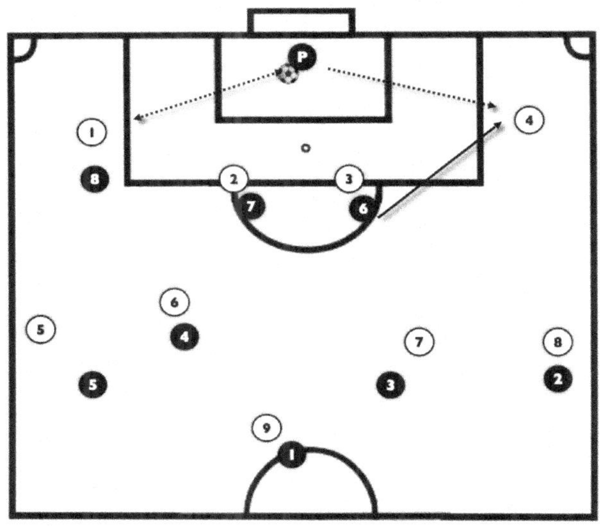

Ejercicio Nº 54	Objetivo técnico-táctico ppal.	Interceptar
	Objetivos Secundarios	Ataque y defensa posicional, presión en ¾, vascularización defensiva, salida de balón.

Medios Técnico-Tácticos	**Medios técnicos:** - ATAQUE: Desplazamiento, pase-recepción, finta, regate, protección de balón, apoyo, pared, cruce, creación/ocupación de espacios, desmarque, cambio de orientación. - DEFENSA: Desplazamiento, entrada, acoso, interceptación, marcaje, vigilancia, carga, cobertura, permuta, marcaje zona/hombre, pressing, basculación. **Intenciones tácticas:** - ATAQUE: Fijar, desbordar, proteger, desmarcarse, atraer, relacionarse, movilizar. - DEFENSA: Distancia, vigilar, acosar, obstruir, disuadir.		
Jugadores	2 grupos de 10-14	Campo	45x45m
Material	Balones, petos.	Tiempo	10-15'

Explicación

Posesión de balón con presión en 3/4.En la zona 3 solo podrá entrar la delantera a presionar (2:1). En las zonas laterales solo podrán estar las laterales e interiores de ambos equipos (2:2). En la zona 2 estarán las centrocampistas de los dos equipo y se incorporará la punta del equipo negro y/o la interiores para lograr la superioridad en el centro del campo.

*Fomentar el acoso para provocar el error rival e interceptar tapando líneas de pase.

**Si estoy en inferioridad no busco interceptar porque puedo perder la posesión.

Observaciones	Se puede entender como una variante de la tarea anterior. Ahora la presión la centramos en ¾ de campo.

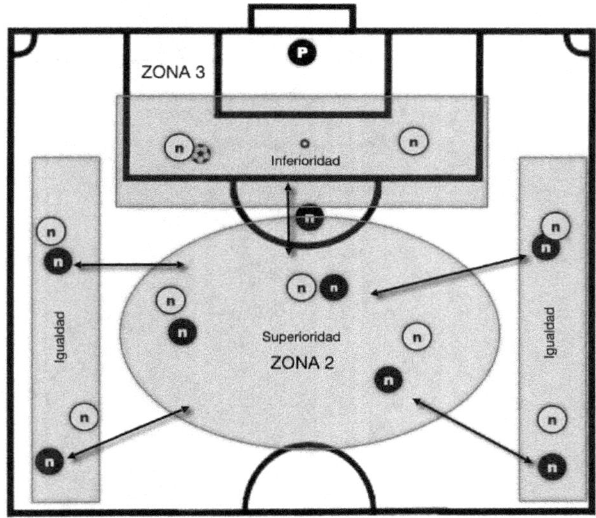

Ejercicio Nº 55	Objetivo técnico-táctico ppal.	Interceptar
	Objetivos Secundarios	Repliegue defensivo

Medios Técnico-Tácticos	**Medios técnicos:** - ATAQUE: Desplazamiento, manejo de balón, conducción, pase-recepción, finta, regate, protección de balón, apoyo. Pared, cruce, creación-ocupación de espacios, desmarque, ataque posicional, cambio de orientación. - DEFENSA: Desplazamiento, entrada, acoso, pantalla, intercepción, marcaje, vigilancia, carga. **Intenciones tácticas:** - ATAQUE: Fijar, hacer gol, desbordar, desmarcarse, atraer, relacionarse, movilizar. - DEFENSA: Controlar balón, distancia, fuera de juego, vigilar, acosar, obstruir, disuadir.		
Jugadores	2 grupos de 10-14 que van saliendo por tríos.	Campo	45x30m
Material	Balones, petos, portería.	Tiempo	10'

Explicación

Las jugadoras realizan un 3x3 en el borde del área teniendo que finalizar lo antes posible. Tanto si pierden balón como si finalizan jugada deberá iniciar automáticamente un repliegue hasta la línea indicada. Si éstas recuperan el balón interponiéndose en la trayectoria de un pase, sumarán 1 punto.

Observaciones	Esta tarea se centra en trabajar la defensa del contraataque y la rápida transición ataque-defensa trabajando el repliegue a bloque medio/bajo.

Ejercicio N° 56	Objetivo técnico-táctico ppal.	Interceptar
	Objetivos Secundarios	Repliegue, defensa balones a la espalda, trabajo físico.

Medios Técnico-Tácticos	**Medios técnicos:** - ATAQUE: Manejo de balón, finta, apoyo, contraataque. - DEFENSA: Desplazamiento, entrada, acoso, repliegue, despeje, interceptación, marcaje, vigilancia, carga, pressing, fuera de juego. **Intenciones tácticas:** - ATAQUE: Fijar, hacer gol, desbordar, desmarcarse, atraer, relacionarse, movilizar. - DEFENSA: Controlar balón, distancia, fuera de juego, vigilar, acosar, obstruir, disuadir.		
Jugadores	2 grupos de 10-14	Campo	45x45m
Material	Balones, petos, delimitadores del espacio.	Tiempo	20'

Explicación
Las JSB entran a un rondo en el que tendrán que robar en situación de inferioridad numérica. Si el equipo atacante logra dar 6 pases tocarán de cara con el comodín que pondrá un balón en profundidad (sin oposición). Si logra conectar con otro jugador atacante más allá de la zona marcada, su equipo sumará 1 punto. El equipo sin balón, en el momento en el que se han producido los 6 pases debe iniciar un rápido repliegue para defender el balón a la espalda que el comodín va a efectuar.

Observaciones	Se puede entender como una variante al ejercicio anterior donde centramos la atención a la defensa de los balones a la espalda de una defensa adelantada.

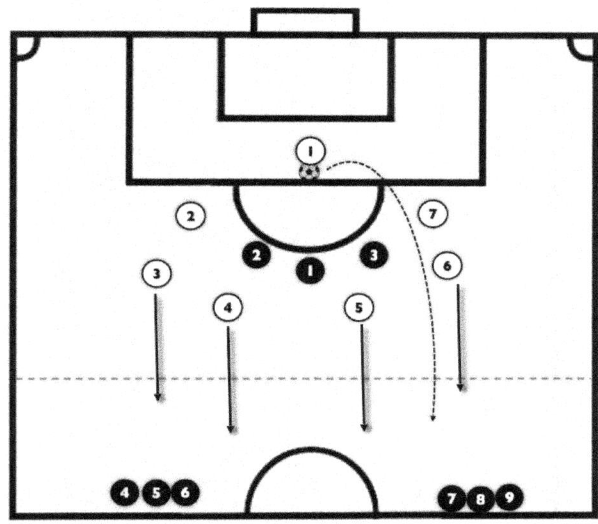

Ejercicio N° 57	Objetivo técnico-táctico ppal.	Despejar
	Objetivos Secundarios	Competición/distensión, cabeceo, entrada y carga, timing.

Medios Técnico-Tácticos	**Medios técnicos:** - ATAQUE: Pase-recepción, remate. - DEFENSA: Desplazamiento, despeje, interceptación, carga. **Intenciones tácticas:** - ATAQUE: Relacionarse. - DEFENSA: Obstruir.		
Jugadores	2 grupos de 5-10	Campo	30x30m
Material	Balones, petos, mini porterías, delimitadores del espacio.	Tiempo	10-15'

Explicación

Las jugadoras situadas en el área pondrán balones aéreos a las dos filas situadas en línea de ¾. Éstas tendrán que llegar al balón antes que la jugadora de la otra fila y despejar el balón. Cada vez que contacte con el balón antes que su rival, sumará un punto para su equipo.

Observaciones	Ejercicios analíticos bajo la herramienta del juego para realizar cientos de repeticiones sin apenas darte cuenta. El entrenador o entrenadora debe ser consciente que son pobres en contenido táctico.

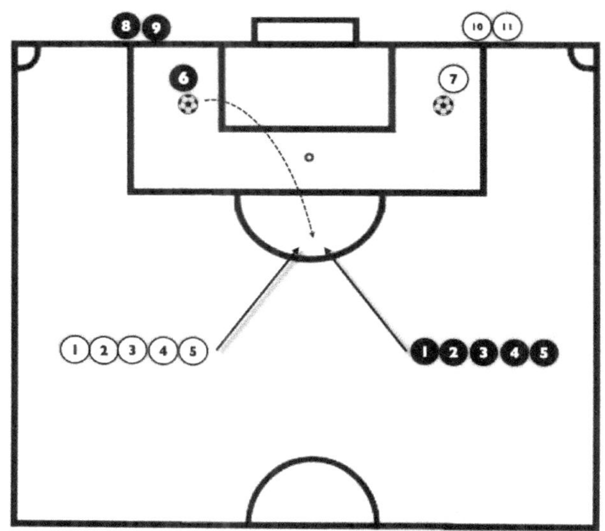

Ejercicio Nº 58	Objetivo técnico-táctico ppal.	Despejar
	Objetivos Secundarios	Competición/distensión, cabeceo, entrada y carga, timing.

Medios Técnico-Tácticos	**Medios técnicos:** - ATAQUE: Pase-recepción, remate. - DEFENSA: Desplazamiento, despeje, interceptación, carga. **Intenciones tácticas:** - ATAQUE: Relacionarse. - DEFENSA: Obstruir.		
Jugadores	2 grupos de 10-14	Campo	30x30m
Material	Balones.	Tiempo	10'

Explicación

Se trata de una variable del ejercicio anterior.

Las jugadoras situadas en el área pondrán balones aéreos a las dos filas situadas en línea de ¾ alternativamente. Antes de que bote el balón tendrán que despejarlo hacia una de las 2 mini porterías para sumar punto para su equipo.

Observaciones	Ejercicios analíticos bajo la herramienta del juego para realizar cientos de repeticiones sin apenas darte cuenta. El entrenador o entrenadora debe ser consciente que son pobres en contenido táctico.

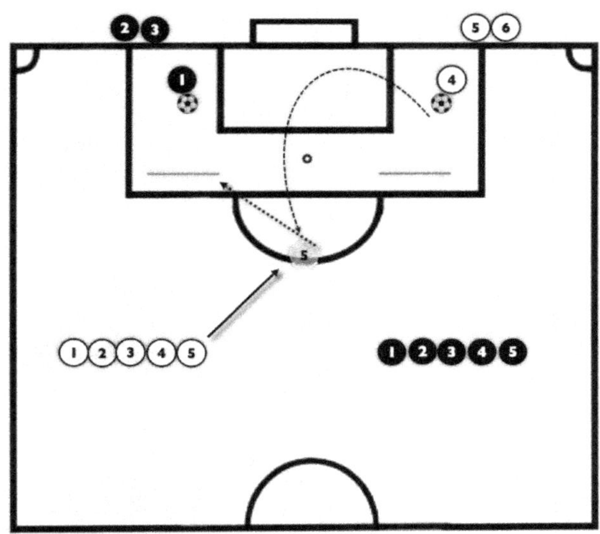

Ejercicio Nº 59	Objetivo técnico-táctico ppal.	Despejar
	Objetivos Secundarios	Competición/distensión, cabeceo, entrada y carga, timing, contundencia, comunicación.
Medios Técnico-Tácticos	**Medios técnicos:** - ATAQUE: Pase-recepción, remate. - DEFENSA: Desplazamiento, despeje, interceptación, carga. **Intenciones tácticas:** - ATAQUE: Relacionarse. - DEFENSA: Obstruir, vigilar, disuadir.	
Jugadores	2 grupos de 10-14	Campo	30x30m
Material	Balones.	Tiempo	10'

Explicación

Las jugadoras tendrán que defender una oleada de centros al área desde tres posiciones. Solo habrá una jugadora del equipo rival como referencia para el equipo atacante.

Observaciones	Ejercicios analíticos bajo la herramienta del juego para realizar cientos de repeticiones sin apenas darte cuenta. El entrenador o entrenadora debe ser consciente que son pobres en contenido táctico.

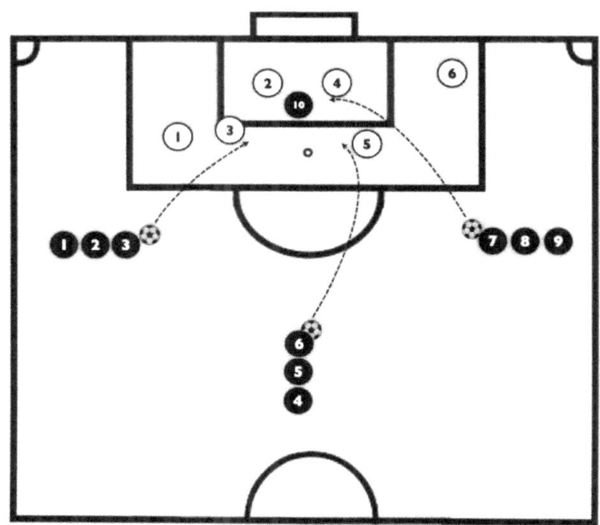

Ejercicio N° 60	Objetivo técnico-táctico ppal.	Despejar
	Objetivos Secundarios	Entradas a portería (centros y remates), comunicación, timing, contundencia, cargas, posicionamiento, trabajo físico.

Medios Técnico-Tácticos	**Medios técnicos:** - ATAQUE: Pase-recepción, remate. - DEFENSA: Desplazamiento, despeje, interceptación, carga. **Intenciones tácticas:** - ATAQUE: Relacionarse. - DEFENSA: Controlar balón, distancia, fuera de juego, vigilar, acosar, obstruir, disuadir.		
Jugadores	2 grupos de 8-12	Campo	25x30m
Material	Balones, petos, conos, mini porterías.	Tiempo	10'

Explicación

Las jugadoras defenderán entradas al área en inferioridad (3x2,4x3...) teniendo que despejar hacia las mini porterías situadas en las bandas. Una vez terminada la jugada despejarán un centro lateral tras ir a la portería y volver a los conos.

Observaciones	En esta tarea buscamos la intensidad de las centrales a la hora de despejar balones al área aumentando la exigencia de la tarea haciéndoles orientar sus despejes. Hemos de entender el desgaste físico de la tarea y realizar las rotaciones en momentos adecuados así como valorar los fallos que vayan teniendo. Añadir en este tipo de ejercicios el contexto de la competición entre compañeras aporta una gran transferencia a la situación real de juego.

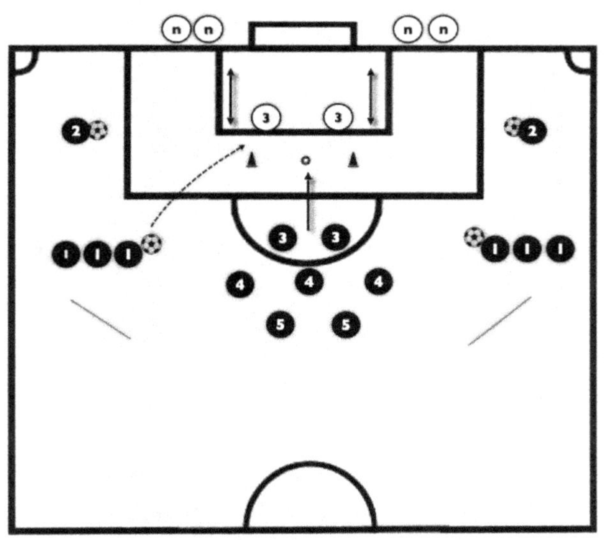

Ejercicio N° 61	Objetivo técnico-táctico ppal.	Despejar
	Objetivos Secundarios	Competición/distensión, cabeceo, entrada y carga, timing, contundencia, comunicación, respuesta cognitiva.

Medios Técnico-Tácticos	**Medios técnicos:** - ATAQUE: Pase-recepción, remate. - DEFENSA: Desplazamiento, despeje, interceptación, carga. **Intenciones tácticas:** - ATAQUE: Relacionarse. - DEFENSA: -		
Jugadores	En grupos de 4	Campo	20x10m
Material	Balones, petos, mini porterías y delimitadores del espacio.	Tiempo	10-12'

Explicación

Las jugadoras número 1 de cada equipo tocan balón hasta recibir la señal de la entrenadora. Escucharán un color y tendrán que despejar el centro lateral de una de las bandas hacia la portería correspondiente al color dicho.

Observaciones	Se trata de un juego donde de manera analítica trabajamos la rápida percepción y toma de decisiones de nuestras jugadoras. En este caso, lo orientamos a la práctica del despeje.

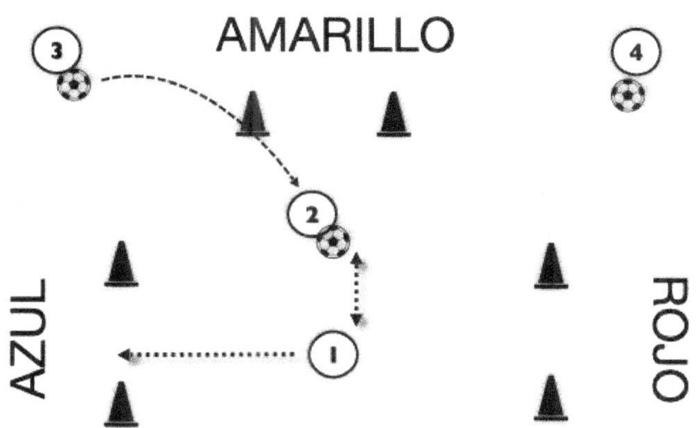

Ejercicio N° 62	Objetivo técnico-táctico ppal.	Despejar
	Objetivos Secundarios	Competición-distensión, finalización (centros y remates).

Medios Técnico-Tácticos	**Medios técnicos:** - ATAQUE: Pase-recepción, remate. - DEFENSA: Desplazamiento, despeje, interceptación, pantalla. **Intenciones tácticas:** - ATAQUE: Relacionarse. - DEFENSA: Obstruir.		
Jugadores	En grupos de 4	Campo	15x10m
Material	Balones, petos, mini porterías y delimitadores del espacio.	Tiempo	10-12'

Explicación

Situamos dos porterías enfrentadas a 15m de distancia. La mitad de un equipo se situará al lado de la portería rival para poner centros frontales a las jugadoras de su equipo que tendrán que ir saliendo de una en una a rematar el centro. El equipo rival saldrá de 2 en 2 para, evitar el gol despejando el balón al menor número de toques posible.

Observaciones	Aprovechamos la situación lúdica para que las jugadoras despejen balón en zona óptima de finalización.

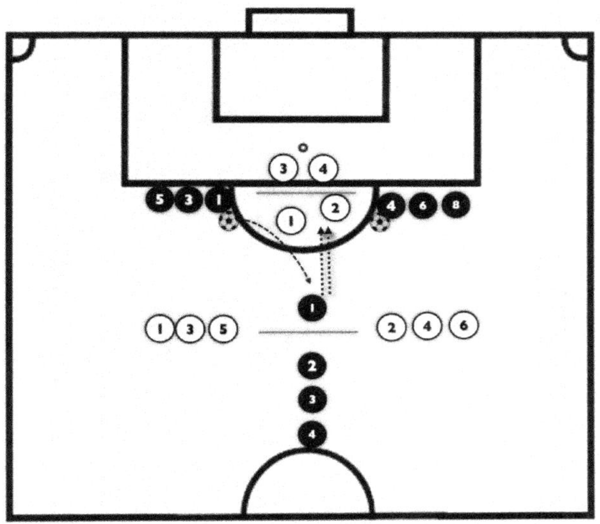

Ejercicio Nº 63	Objetivo técnico-táctico ppal.	Despejar
	Objetivos Secundarios	Distensión/competición, timing, control de balón, comunicación.

Medios Técnico-Tácticos	**Medios técnicos:** - ATAQUE: Desplazamiento, manejo de balón, pase-recepción, remate. - DEFENSA: Desplazamiento, despeje, interceptación. **Intenciones tácticas:** - ATAQUE: - - DEFENSA: -		
Jugadores	2 grupos de 10-14	Campo	25x25m
Material	Balones, red, petos.	Tiempo	10'

Explicación

Los jugadores tendrán que tener el menor número de balones en su campo pues tendrán que despejar todo lo que les vaya llegando. Si un despeje se produce sin bote previo suma un punto extra al recuento final.

Observaciones	Ejercicios analíticos bajo la herramienta del juego para realizar cientos de repeticiones sin apenas darte cuenta. El entrenador o entrenadora debe ser consciente que son pobres en contenido táctico.

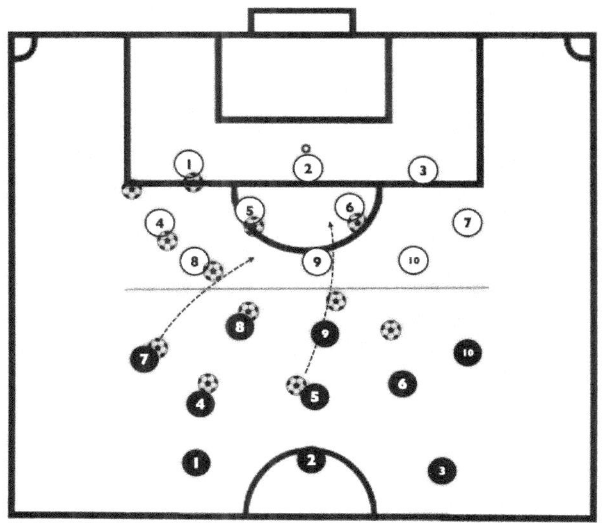

Ejercicio Nº 64	Objetivo técnico-táctico ppal.	Desinhibición
	Objetivos Secundarios	Activación/vuelta a la calma, competición/ distensión.

Medios Técnico-Tácticos	**Medios técnicos:** - ATAQUE: Desplazamientos, manejo de balón, conducción, pase-recepción.		
Jugadores	-	Campo	30x 40m
Material	Balones	Tiempo	10'

Explicación

Las jugadoras forman un corro abrazándose entre ellas. Empezamos mirando al suelo y cuando la entrenadora dé la señal tendrán que mirar fijamente a los ojos de alguna compañera. Si coinciden 2 jugadoras mirándose se eliminan, salen del corro y pasan a vigilar al resto de jugadoras.

* Para enriquecerlo de elementos técnico-tácticos o aumentar el compromiso motor de las jugadoras podemos hacer que cada vez que "coincidan las miradas" hagan un pequeño progresivo de velocidad, un circuito de coordinación, desplazamientos con balón, control y pase o juegos de puntería mientras acaban el resto de jugadoras.

** Variante: Mirar a la compañera y si coinciden al mirarse, la que diga antes el nombre de la compañera se libra de ser eliminada.

Observaciones	Por sus características fisiológicas es un buen ejercicio para la activación o la vuelta a la calma de un entrenamiento. Con este ejercicio el contacto físico entre ellas, el mero hecho de mirarse a los ojos, decir sus nombres o reírse. Puede crear un tema de conversación para las jugadoras más tímidas, mejorar el ánimo, inferir en la afectividad del grupo, relajar situaciones tensas y en definitiva mejorar la predisposición al entrenamiento o partido.

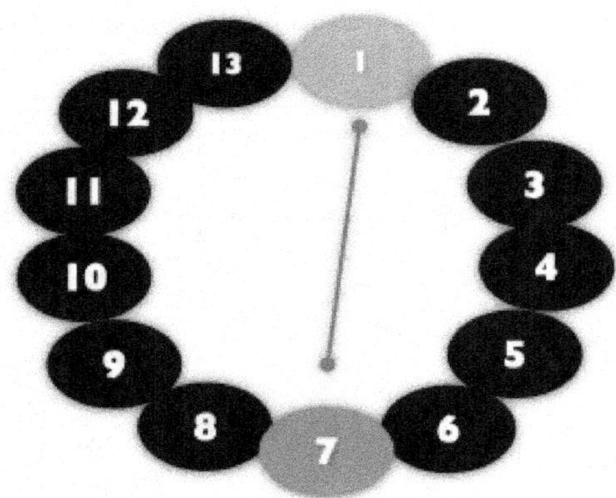

Ejercicio Nº 65	Objetivo técnico-táctico ppal.	Cooperación/desihibición/ comunicación.
	Objetivos Secundarios	Activación/vuelta a la calma, competición/ distensión.

Medios Técnico-Tácticos		-	
Jugadores	-	Campo	15x40m
Material	-	Tiempo	7'

Explicación

Las jugadoras realizan su activación. Mientras tendrán que estar pendiente de las indicaciones del entrenador para agruparse lo antes posible según lo indicado. Por ejemplo: equipo favorito, ciudad o año de nacimiento, edad, comida favorita.

Así las jugadoras deberán parar el movimiento articular, coordinativo para localizar a las compañeras con las que puede agruparse.

Si el equipo que antes se agrupe no lo celebra, no gana y se le da el punto al 2 grupo más rápido.

Observaciones	Es una dinámica muy simple que puede amenizar un calentamiento tedioso y a su vez provocar risas, contacto e iniciar comunicación y relación entre todas las compañeras rompiendo posibles grupos preestablecidos o prejuicios.

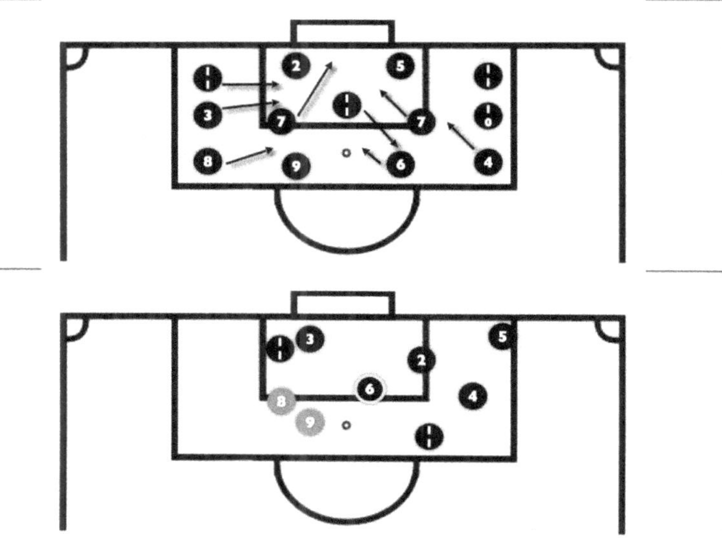

Ejercicio Nº 66	Objetivo técnico-táctico ppal.	Desinhibición	
	Objetivos Secundarios	Cooperación, comunicación.	
Medios Técnico-Tácticos		-	
Jugadores	Grupos de 4 aprox.	Campo	15x15m
Material	Aros.	Tiempo	10'
Explicación			

Planteamos un circuito en el que cada equipo va avanzando por las bases hasta que se encuentra con otro equipo (duelo). Las jugadoras deberán mostrar mediante representación escénica (previamente fijada y unificada para todos los equipos) si sacan piedra, papel o tijera. Para ponerse rápidamente de acuerdo entre los mismos miembros de un equipo tendrán unos códigos que serán diferentes en cada equipo. El portavoz dirá y sus jugadoras a la cuenta de 3 realizarán a la vez la representación. El equipo que pierda el duelo, perderá una vida.

P.ej.: Las jugadoras, de aro en aro avanzan hasta encontrarse en el mismo aro con otro equipo. Entonces, el portavoz de cada equipo dirá un número del 1-3 (piedra, papel o tijera) y a la cuenta de 3, ambos grupos representarán la acción correspondiente. El equipo perdedor tendrá que dejar pasar a las ganadoras y perderán una vida.

Observaciones		-	

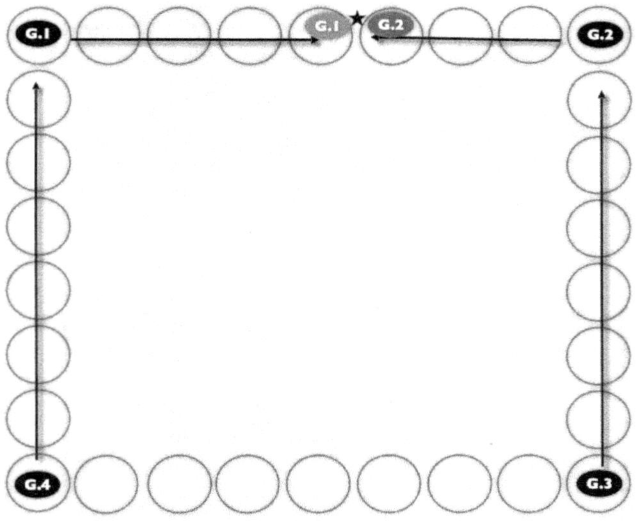

Ejercicio Nº 67	Objetivo técnico-táctico ppal.	Distensión
	Objetivos Secundarios	Cooperación, comunicación.

Medios Técnico-Tácticos	*Medios técnicos:* - ATAQUE: Desplazamiento, control de balón, conducción, pase-recepción, finta, regate, chut, protección de balón, apoyo, pared, cruce, creación-ocupación de espacios, desmarque, ataque posicional, contraataque. - DEFENSA: Desplazamiento, entrada, acoso, repliegue, despeje, pantalla, interceptación, marcaje, vigilancia, carga, cobertura, permuta, cambio de oponente, marcaje en zona/hombre, pressing. ***Intenciones tácticas:** - ATAQUE: Fijar, hacer gol, desbordar, proteger, desmarcarse, atraer, relacionarse, movilizar. - DEFENSA: Controlar balón, distancia, vigilar, acosar, obstruir, disuadir.		
Jugadores	Grupos de 5-9	Campo	25x15m
Material	Setas, folios, balones, petos, mini porterías	Tiempo	10-30'

Explicación

Cada jugadora tendrá una hoja. En la cara A, tendrá una letra y en la cara B, un número. El entrenador dirá una palabra o número por ronda para que lo formen correctamente los equipos. Para ganar, cada equipo deberá llegar al punto de lectura y haber formado correctamente la palabra o número exigido.

* Alternativa para mayor exigencia de elementos técnico-tácticos o compromiso motor: Las jugadoras que tengan esa letra o número entraran en zona para disputar un mini-partido a 1 gol o 30".

Observaciones	El cartel debe llegar correctamente colocado y el orden de las jugadoras debe permitir leer perfectamente la cifra o la palabra. Es muy importante fomentar la distensión entre las jugadoras

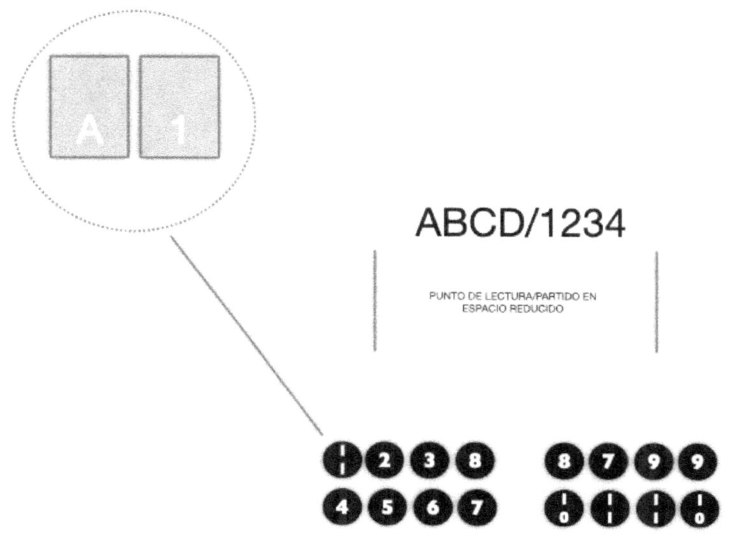

Ejercicio N° 68	Objetivo técnico-táctico ppal.	Cohesión grupal	
	Objetivos Secundarios	Competición/distensión, comunicación, toma de decisiones, creatividad, resolución de problemas	
Medios Técnico-Tácticos		-	
Jugadores	2 o 3 grupos.	Campo	15x5m
Material	-	Tiempo	10'
Explicación			

Ante el objetivo "Hacer llegar a una jugadora al punto B desde el punto A sin que esta toque el suelo con ninguna parte del cuerpo", el resto de sus compañeras deberán cooperar para cumplir con el objetivo principal además de con el resto de consignas que queramos ponerles para complicar la tarea. Por ejemplo:

1. Nadie puede desplazar los pies del suelo.

2. La jugadora transportada no podrá ser tocada por más de 2 jugadoras al mismo tiempo.

3. Ojos cerrados.

Observaciones	Debemos fomentar la comunicación y la organización dentro de cada equipo para que una vez identificado el objetivo y nos recursos con los que cuentan, cooperen para alcanzar dicho objetivo de una forma más eficiente y rápida que el resto de equipos. La creatividad, la toma de decisiones y la resolución de problemas así como la comunicación entre todas las compañeras es algo a lo que debemos atender.

B

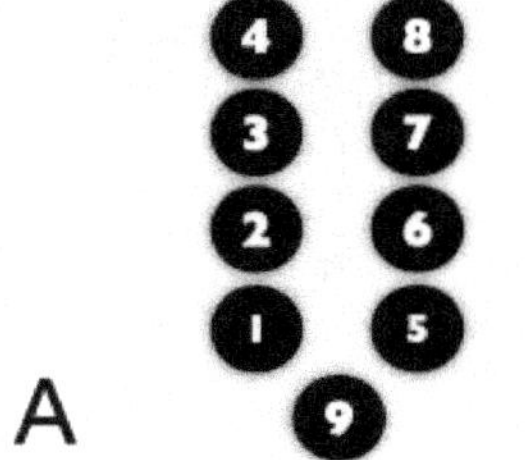

A

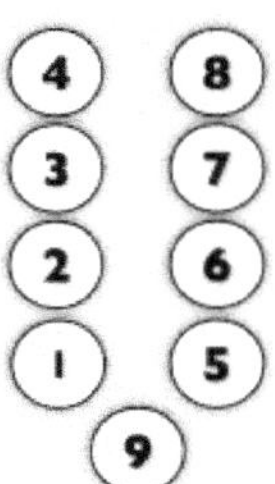

Ejercicio Nº 69	Objetivo técnico-táctico ppal.	Cooperación
	Objetivos Secundarios	Comunicación, confianza, distensión/ competición, mejora técnica.

Medios Técnico-Tácticos	**Medio técnicos:** - ATAQUE: Desplazamientos, manejo de balón, conducción, regate, chut.		
Jugadores	2 grupos	Campo	45x45m
Material	Balones, picas, setas, vallas...	Tiempo	15-20'

Explicación

Las jugadoras deberán completar un circuito técnico. Cada posta, solo la podrá realizar una jugadora (rol previamente establecido por las mismas integrantes del equipo). El grupo que más goles marque, realizando correctamente cada posta, será el ganador. Puede resultar muy interesante comentar con las jugadoras al final de la tarea por qué han establecido esos roles fomentando la empatía, afectividad y confianza en sus discursos.

En la representación gráfica vemos el ejemplo. En este caso, 4 inicia y finaliza jugada. El balón va desde 4 hasta 3 que abre a banda donde recibirá 1 y de ahí pasará a 2 que realizará un pase en profundidad para que 5 centre el balón al punto de penalti y 4 remate (la posta se realiza tras dar el pase salvo en la posta de la jugadora nº 2 que la realizará antes).

De esta manera intentamos que el puesto de 1 sea el más sacrificado físicamente, 2 tenga una mayor exigencia coordinativa, 3 sea capaz de temporizar y tenga una buena precisión en el pase y 4 tenga una perfecta definición. Así podemos plantear la tarea con distintas postas y jugando con las características de nuestras jugadoras para, al final hacerlas reflexionar sobre el trabajo.

Observaciones	Hacer pensar a las jugadoras en las cualidades de sus compañeras e incluso en las suyas propias es una oportunidad de crecimiento, desarrollo y motivación para ellas. De la misma manera, observar y escuchar a las jugadoras acerca de las funciones que desempeñan (liderazgo, compromiso, trabajo...) o incluso localizar problemas (jugadoras cohibidas) es fundamental para el buen trabajo del entrenador o entrenadora.

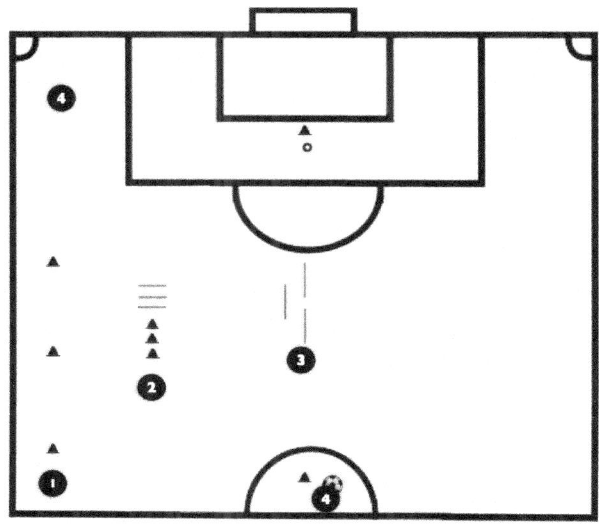

Ejercicio N° 70	Objetivo técnico-táctico ppal.	Cooperación
	Objetivos Secundarios	Confianza, comunicación y desinhibición.

Medios Técnico-Tácticos	Desplazamiento, manejo de balón.		
Jugadores	-	Campo	15x15m
Material	Balones.	Tiempo	10-15'

Explicación

Las jugadoras nombradas tendrán que coger cuantos balones como puedan formando una cadena en 5" pero cada jugadora tendrá una forma asignada de hacerlo. Por ejemplo: tienes que realizar todo el trayecto con una mano levantada, 2 manos levantadas, no puedes tocar el balón con la pierna izquierda, no puedes tocar el balón con la pierna derecha, solo puedes tocar el balón con los muslos. De manera que vayan aunando recursos. Conforme avanza el ejercicio vamos retirando personas de la cadena de uno solo de los equipos. Sin embargo, sus consignas las tendrá que realizar la jugadora que aun siga en la tarea.

La segunda parte de la tarea será la reflexión acerca de la misma: *"¿Qué tal ha trabajado el equipo con todas sus funciones activas?" "¿Qué os ha pasado a vosotras cuando os hemos quitado jugadoras: ruptura de flujo y sobrecarga de eslabones?" "¿Cómo habéis reaccionado al respecto?"*

Observaciones	La labor de la entrenadora o entrenador es crear este tipo de problemas a solucionar por sus jugadoras, observar sus roles y hacerles cuestionarse sobre sus actitudes para así, finalmente poder llevar dicho trabajo a todas esas sensaciones que se pueden tener sobre un campo de fútbol en 90 minutos y a lo largo de una temporada.

J1: Dando toques.
J2: Con la cabeza.
J3:Con las manos a la espalda.
J5: De rodillas.
J6: A la pata coja pierna dcha.
J7: A la pata coja pierna izda.
J8: Solo con el muslo.

Ejercicio N° 71	Objetivo técnico-táctico ppal.	Comunicación	
	Objetivos Secundarios	Distensión/competición, cooperación.	
Medios Técnico-Tácticos		-	
Jugadores	2 grupos por "tablero"	Campo	20x15 m
Material	Papel, bolígrafo, setas, balones.	Tiempo	10'

Explicación

Por grupos, sitúan en la cuadricula sus barcos gráficamente en un papel. Por relevos irán saliendo las jugadoras de una en una diciendo letra y numero intentando tocar y hundir los barcos del otro equipo.

* Para enriquecerlo de elementos técnico-tácticos o aumentar el compromiso motor de las jugadoras podemos incorporar un circuito de coordinación, desplazamientos con balón, etc. Desde el punto de partida hasta el "tablero".

Observaciones	Esta tarea, más allá de ser un juego que es muy adecuado como activación del entrenamiento, es muy interesante a la hora de observar y mejorar la comunicación entre compañeras. ¿Están escuchándose entre ellas? ¿Saben trabajar a contrarreloj? ¿ Observan al rival y responden ante los problemas buscando la solución?

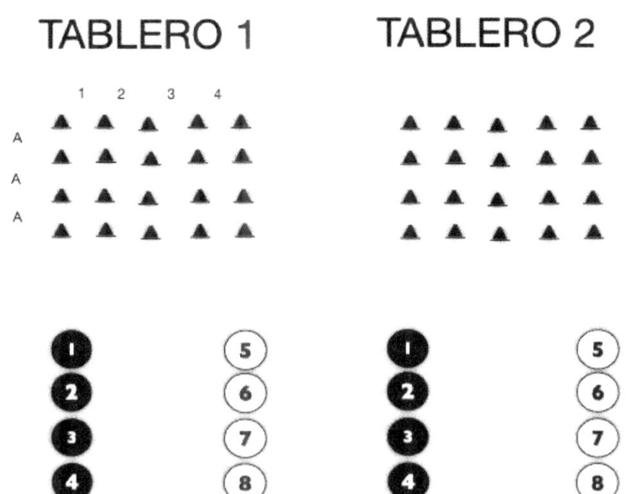

Ejercicio Nº 72	Objetivo técnico-táctico ppal.	Desihinibición
	Objetivos Secundarios	Cooperación, comunicación.

Medios Técnico-Tácticos		-		
Jugadores	Grupos de 4-7.	Campo		-
Material	Conos.	Tiempo		7'

Explicación
La jugadora número 1 realiza como quiera el trayecto desde el primer cono hasta el segundo. La jugadora número 2 copia el mismo movimiento que ha hecho la jugadora número 1 en el primer segmento e inventa uno nuevo para el siguiente segmento. La jugadora número 3 tendrá que copiar a sus dos compañeras anteriores en sus respectivos segmentos y añadir un nuevo movimiento para recorrer el tercer segmento. Así has que acaben todas las jugadoras del grupo. Una vez lleguemos a la última, realizamos otra ronda con todos los segmentos completados.   *Cada jugadora que termina un segmento vuelve al final de su fila.

Observaciones	Está dinámica puede amenizar un calentamiento, una tarea de coordinación con escaleras de skiping o un circuito de conducción, técnica de cadera, propiocepción ,etc… Otra opción es dar libertad a la jugadora para realizar cualquier movimiento que se le ocurra dejando espacio para su creatividad y risas.

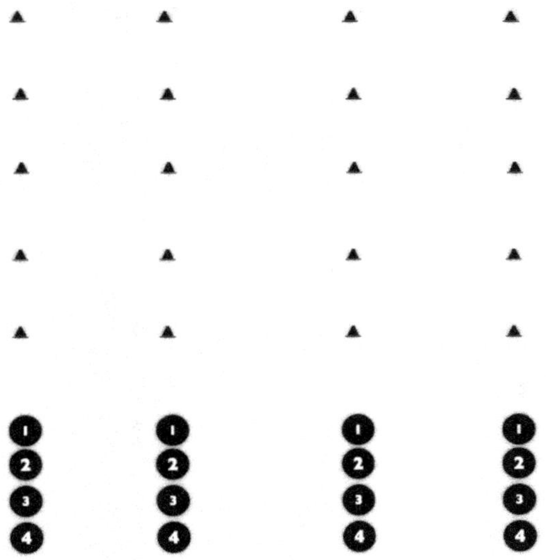

Ejercicio Nº 73	Objetivo técnico-táctico ppal.	Cooperación
	Objetivos Secundarios	Resolución de problemas, desinhibición.

Medios Técnico-Tácticos			
		-	
Jugadores	3 grupos de 5 apróx.	Campo	15x15m
Material	Aros.	Tiempo	10-15'

Explicación

La jugadora número 1 sale a por el primer aro de la fila, se lo da a la siguiente compañera que tendrá que dejarlo encima del segundo aro. La jugadora número 2 vuelve a darle el relevo a la jugadora 3 que tiene que recoger los 2 aros que están uno encima del otro para volver a la fila y dárselos a la jugadora número 4 que de la misma manera tendrá que dejarlos sobre el siguiente aro. La secuencia sigue así hasta que la última jugadora trae todos los aros a su fila.

*Para enriquecerlo, podemos hacer que salgan por parejas, limitando los recursos de cada compañera (ir a la pata coja, coger el aro con la mano izquierda o con la boca,etc.) o añadiendo un balón a la tarea.

**También podemos ir alterando la secuencia de los aros por cada ronda para aumentar la exigencia cognitiva.

Observaciones	A través del juego se busca que las jugadoras sepan comunicarse y aunar recursos para lograr el objetivo antes que sus rivales.

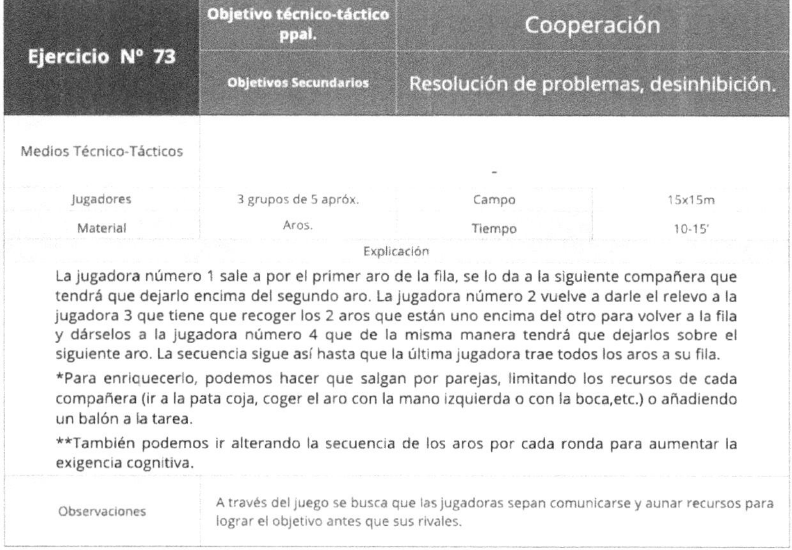

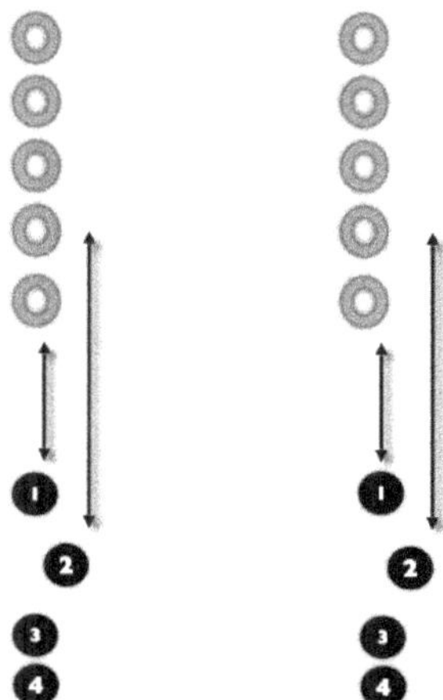

Ejercicio Nº 74	Objetivo técnico-táctico ppal.	Cooperación	
	Objetivos Secundarios	Comunicación, confianza, deshinibición, competición.	
Medios Técnico-Tácticos		-	
Jugadores	-	Campo	-
Material	-	Tiempo	10'

Explicación

Cada miembro del grupo recibe un tipo de información distinta. El miembro número 1 de cada grupo tendrá la misma información que será distinta al miembro número 2 de cada grupo y a su vez pasará lo mismo con el miembro número 3 y hasta completar con todos los integrantes o documentos disponibles.

Distinguimos 3 fases en la dinámica:

1. Toma de información individual. Cada jugador deberá leer individualmente la información del documento que ha recibido sin mostrarla ni ponerla en común con el resto de compañeros/as que a su vez harán lo mismo con sus respectivos documentos.

2. "Consejo de sabios". Los miembros se reúnen con sus homólogos de otros grupos para tratar y discutir acerca de la información requerida con el propósito de poder trabajar mejor con sus respectivos grupos en la siguiente fase.

3. Puesta en común de la información y búsqueda de soluciones. Los miembros del grupo deberán expresar su información previamente sintetizada para encontrar la solución.

Observaciones	Jingsaw de Aronson. Buscamos que las jugadoras o miembros de los equipos tengan un buen procedimiento en cuanto a la búsqueda de soluciones, una buena comunicación y cooperación.

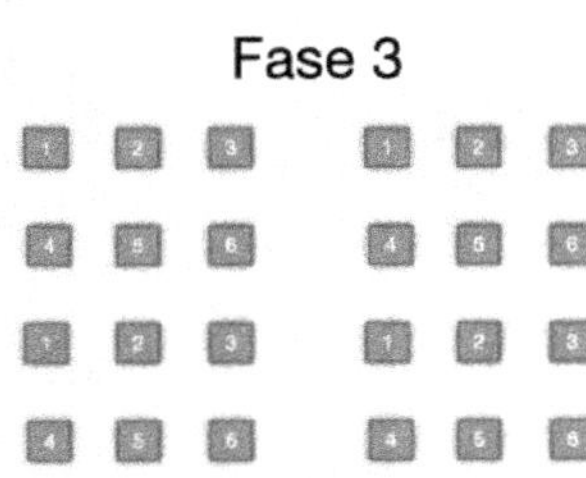

Ejercicio Nº 75	Objetivo técnico-táctico ppal.	Desinhibición
	Objetivos Secundarios	Competición/distensión, activación, confianza, cooperación.
Medios Técnico-Tácticos		-

Jugadores	2-4 grupos	Campo	15x15m
Material	Escaleras/ picas/ conos/vallas.	Tiempo	7'

Explicación

Cada equipo se pone con sus jugadoras en final de a uno , uno enfrente del otro. Sale la primera jugadora de cada fila, atravesando el circuito hasta encontrarse con la jugadora del otro grupo (duelo). Disputarán un *"Pares o Nones"* para echar a su rival del circuito. Entonces lo comienza la siguiente de la fila. Quien llegue antes a la fila del rival, suma un punto.

Observaciones	Actividad lúdica adecuada para la activación y distensión del grupo.

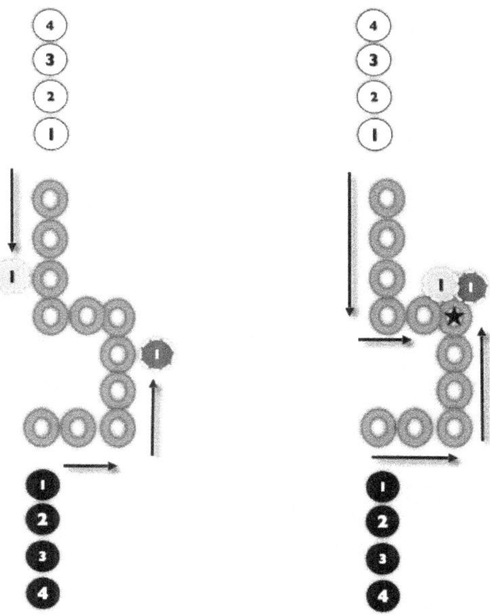

Ejercicio Nº 76	Objetivo técnico-táctico ppal.	Distensión
	Objetivos Secundarios	Confianza, desinhibición.

Medios Técnico-Tácticos		-	
Jugadores	-	Campo	15x15m
Material	-	Tiempo	2-3'

Explicación

Todas las jugadoras menos una forman un corro para realizar movimientos de activación (movilidad articular, estiramientos, coordinación..) siguiendo a una jugadora designada como *"Maestra de orquesta"* . La jugadora que hemos apartado del corro realizará la activación en el centro del círculo imitando a sus compañeras a la par que intenta localizar a la compañera que está guiando esos movimientos.

Observaciones	Realizar este juego en tareas de activación puede dinamizar dichos momentos que pueden parecer rutinarios y repetitivos para nuestras jugadoras y así mejorar su predisposición al entrenamiento.

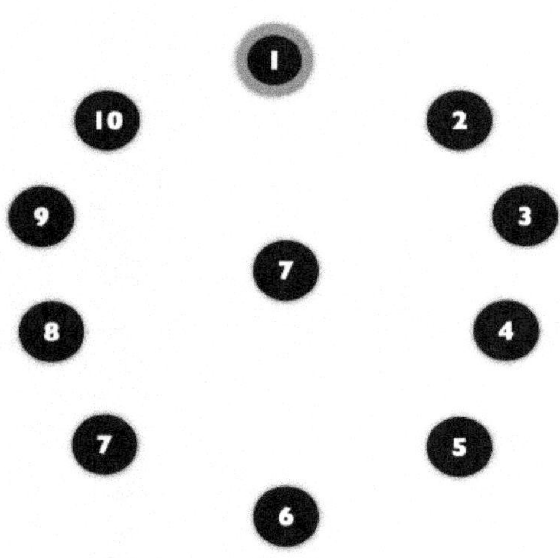

Ejercicio N° 77	Objetivo técnico-táctico ppal.	Distensión
	Objetivos Secundarios	Cooperación, confianza.

Medios Técnico-Tácticos	*Medios técnicos: - ATAQUE: Manejo de balón.		
Jugadores	Grupos de 5.	Campo	10x10m
Material	Balones y delimitadores del espacio.	Tiempo	7-10'
	Explicación		

Las jugadoras de cada equipo, dispuestas en fila tendrán que transmitir un mensaje de la primera a la última. Para ello, no podrán hablar y tendrán que hacerlo solo moviendo los labios sin emitir sonidos.

* Para enriquecerlo de elementos técnico-tácticos o aumentar el compromiso motor de las jugadoras podemos hacer lo siguiente: La primera jugadora de la fila tendrá que inventar una secuencia de movimientos con el balón. Por ejemplo, dar toques: 3 con el muslo y 2 con el interior del pie. A continuación se lo enseñará a su compañera, que tendrá que captar la secuencia y repetirla a la siguiente de la fila para poder transmitir el "mensaje".

Observaciones	Actividad lúdica que permite la distensión del grupo y que podemos enriquecer con elementos de tecnificación.

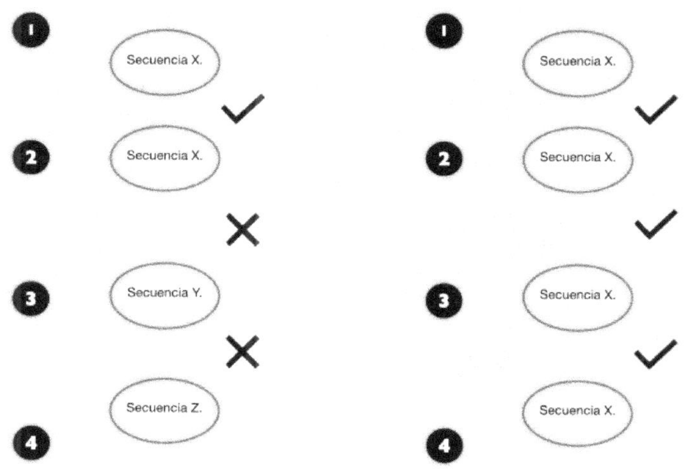

Ejercicio Nº 78	Objetivo técnico-táctico ppal.	Distensión
	Objetivos Secundarios	Desinhibición
Medios Técnico-Tácticos	**Medios técnicos:** - ATAQUE: Desplazamientos, manejo de balón, conducción, pase-recepción...	
Jugadores	Grupos de 5-8	Campo	20x20m
Material	Balones.	Tiempo	10'
Explicación		

Las jugadoras se sitúan en corro. Cada una de ellas eligen una fruta la cual pasará a ser su nombre durante toda la tarea. Las jugadoras deberán pasarse el balón entre ellas y e ir al sitio que dejará la compañera que recibe balón (pase y movilidad). Sin embargo debe anunciar a quién va el pase diciendo el nombre de la fruta a lo que además le sumamos la dificultad de no poder enseñar los dientes si queremos hacerlo más lúdico.

Observaciones
-
-

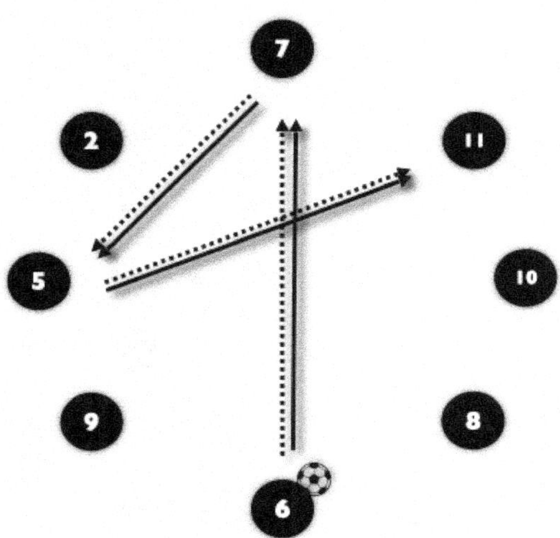

Ejercicio Nº 79	Objetivo técnico-táctico ppal.	Comunicación
	Objetivos Secundarios	Distensión, confianza, desinhibición.

Medios Técnico-Tácticos		-	
Jugadores	-	Campo	-
Material	Balones.	Tiempo	10-20'

Explicación

Se reparte un papel y un boli a cada jugadora. Se les propone que escriban una palabra, idea o concepto que transmita lo que creen que ellas pueden aportar al equipo e incluso les distingue del resto de sus compañeras. Les concedemos plena libertad para elegir entre aspectos técnicos, emocionales, personales, etc.

Una vez hayan terminado, se recogen los papeles escritos. Es importante que ninguna jugadora ponga su nombre o escriba algo identificativo para la segunda parte de la dinámica.

A continuación o incluso en otro momento repartimos aleatoriamente dichos papeles entre las jugadoras. Una vez todas tengan un papel, les pedimos una por una que lo lean en alto y respondan a la siguientes preguntas: *"¿Quién crees que lo ha escrito?" "¿Por qué?"*

Observaciones	Es importante la labor de la entrenadora o del entrenador a la hora de fomentar discursos inclusivos, inspiradores y, por supuesto, sinceros y honestos. Durante el juego, la comunicación se reduce e incluso adquiere aspectos negativos dando lugar a una mala calidad de la misma. Estimular buenos hábitos comunicativos y de confianza en cualquier grupo de trabajo es de gran utilidad para el buen desarrollo del equipo.

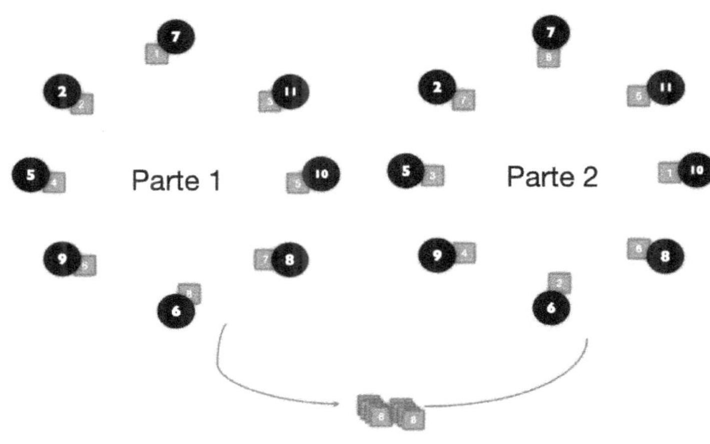

Ejercicio N° 80	Objetivo técnico-táctico ppal.	Confianza	
	Objetivos Secundarios	Desinhibición, cooperación.	
Medios Técnico-Tácticos		–	
Jugadores	Grupos 5	Campo	15x15
Material	Delimitadores del espacio.	Tiempo	7'
Explicación			

Cada equipo forma filas de a uno para realizar la carrera de relevos. En este caso no tendrán que transportar nada y saldrán por parejas. La forma de hacer un relevo correcto será llegar hasta el punto B desde el punto A realizando la acción previamente indicada por el entrenador/a.

P.ej.: La jugadora 1 se deja caer de espaldas hasta que la jugadora 2 la sostenga y la impulse y viceversa. Ésta será la forma de avanzar.

Observaciones	Actividad lúdica adecuada para momentos de activación y distensión del grupo.

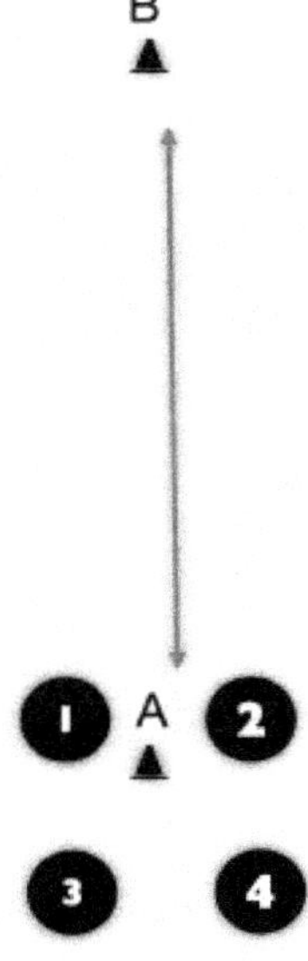

Ejercicio Nº 81	Objetivo técnico-táctico ppal.	Comunicación
	Objetivos Secundarios	Distensión, cooperación, confianza.

Medios Técnico-Tácticos		-	
Jugadores	-	Campo	-
Material	Dispositivo electrónico con acceso a internet.	Tiempo	10'

Explicación

Se trata de una dinámica en la que las jugadoras van respondiendo a preguntas, individualmente o por equipos eligiendo entre 4 posibles respuestas a preguntas acerca de sus propias compañeras o incluso el cuerpo técnicos.

En todo momento debemos fomentar un ambiente distendido y cómodo para todas y cada una de las jugadoras

Observaciones	Una forma más de invertir tiempo en la relación y distensión de nuestras jugadoras puede ser con juegos interactivos, desde plataformas electrónicas, donde nos permitan elaborar y personalizar cuestionarios multi respuesta donde las jugadoras puedan comprobar y competir acerca del conocimiento que tienen de sus propias compañeras. Puede ser interesante en viajes, concentraciones o en períodos de no competición.

Ejercicio Nº 82	Objetivo técnico-táctico ppal.	Distensión
	Objetivos Secundarios	Desinhibición

Medios Técnico-Tácticos		-	
Jugadores	Grupos de 10	Campo	-
Material	Papel y boli.	Tiempo	10′

Explicación

Las jugadoras se ponen un papel para mostrarlo al resto de jugadores pero que ellas mismas no podrán ver pues tendrán que adivinar que pone. En definitiva, realizando preguntas de sí/no tendrán que adivinar que jugadora es .

Si el grupo es muy numeroso, hacemos distintos subgrupos para que todo el mundo tenga tiempo de intervenir e interactuar.

Observaciones	Este juego tradicional lo podemos convertir en una dinámica más de cohesión grupal al fomentar la interacción entre las jugadoras. Al final, intentando averiguar que compañera les ha tocado damos pie a preguntas, interés, desinhibición o incluso a que se inicien conversaciones entre jugadoras que antes no tenían prácticamente trato. Es muy adecuado para momentos de no competición, concentraciones, viajes, etc.

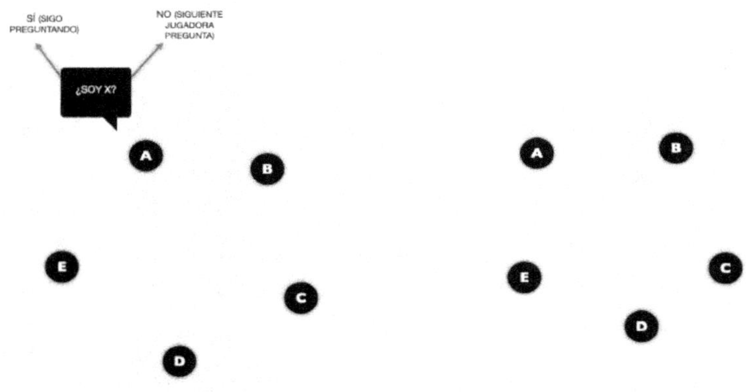

Ejercicio Nº 83	Objetivo técnico-táctico ppal.	Desinhibición
	Objetivos Secundarios	Confianza, distensión...

Medios Técnico-Tácticos		-	
Jugadores	-	Campo	-
Material	-	Tiempo	10'

Explicación

Las jugadoras dispuestas en corro tendrán que contar en números romanos siguiendo la siguiente codificación:

I es *"kiwi"*; II es *"kiwi-kiwi"*; III es *"kiwi-kiwi-kiwi"*; V es *"super kiwi"*; X es *"mega kiwi"*.

Cada participante que se equivoque se va eliminando de la ronda.

Observaciones	De nuevo se tratan de dinámicas o juegos estáticos que podemos utilizar en viajes, concentraciones y, en definitiva, momentos de distensión.

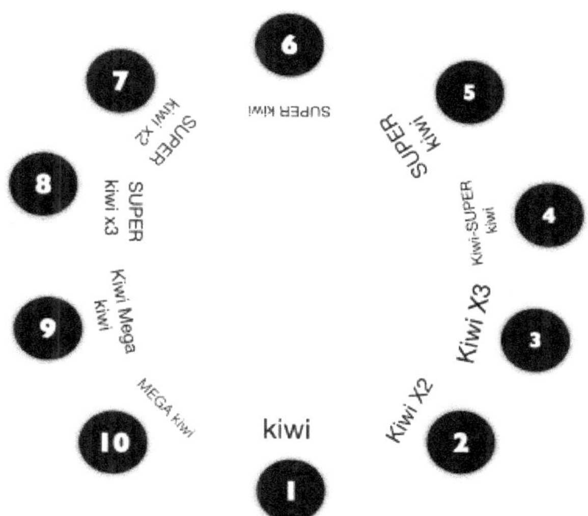

Ejercicio Nº 84	Objetivo técnico-táctico ppal.	Distensión	
	Objetivos Secundarios	Relajación, evasión, desconexión, entretenimiento...	
Medios Técnico-Tácticos		-	
Jugadores	-	Campo	-
Material	-	Tiempo	10'
Explicación			

Como variante al anterior, podemos aprovechar la disposición y el ambiente generado para seguir con una dinámica parecida. Las jugadoras para pasarse la pelota tendrán que decir su número seguido de "medio limón" y el número de la jugadora a la que le va a pasar la pelota.

"Yo- llamo a –ella." "Un limón-medio limón-5 limones".

Observaciones	Esta dinámica genera un ambiente de entretenimiento y evasión que fomenta la risa y la desconexión. Incluso bien utilizada y adaptada puede ser muy interesante a nivel cognitivo y trabajar aspectos como la memoria o la focalización.

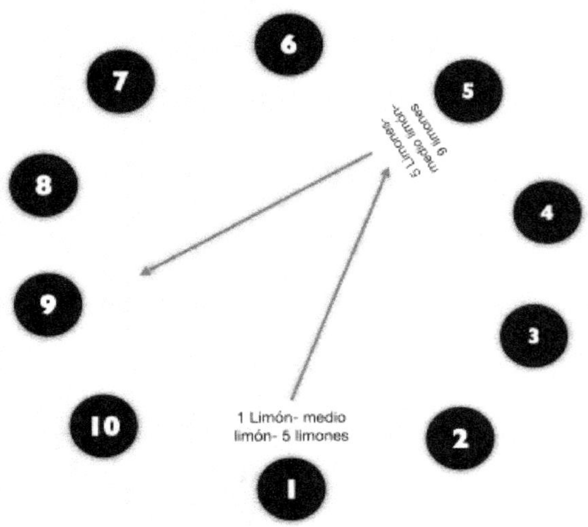

Ejercicio Nº 85	Preventivo.	Movilidad cadera
	Objetivos Secundarios	-

Medios Técnico-Tácticos		-	
Jugadores	-	Campo	-
Material	-	Tiempo	10'

Explicación

FLEXIÓN: En bipedestación, la jugadora eleva su muslo hasta los 90° entre su tronco y su muslode forma activa y continua de forma pasiva agudizando la flexión de cadera donde aguantará unos segundos.

*En suelo, para activación de vasto interno. Mantenemos un ángulo de 90° en ambas caderas y la espalda recta y estirada y con la rodilla en extensión y el tobillo en dorsiflexión. Realizamos una flexión activa de cadera aguantando la tensión generada unos segundos y cambiamos de pierna.

EXTENSIÓN: En posición tendido prono, despegamos los muslos del suelo activando la musculatura glútea sin flexionar las rodillas. Mantenemos unos segundos la extensión de ambas caderas, bajamos y volvemos a realizar el movimiento de manera controlada.

Observaciones	La movilidad, el control motor y la fuerza en la cintura pélvica es fundamental para cualquier deportista. En concreto en el caso de la mujer, dota de especial importancia debido a varios factores aun investigados sobre mayor probabilidad de lesiones en LCA. Tales pueden ser una mayor laxitud ligamentosa con un mayor riesgo en periodos de menstruación (menor síntesis de procolágeno), un valgo de rodilla dinámico acentuado por un patrón neuromuscular característico o un ángulo Q mayor que los hombres que provoca un importante estrés medial. En definitiva, factores anatómicos, fisiológicos y biomecánicos mejor explicados en el Anexo.

Flexión en bipedestación.

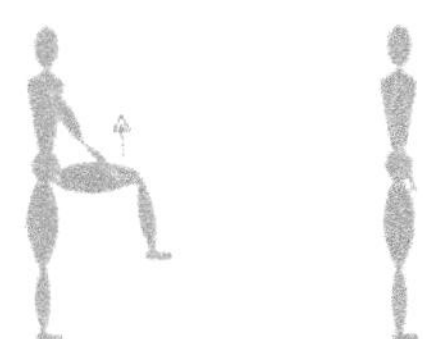

Flexión en suelo.

Extensión tendido prono .

Ejercicio Nº 86	Preventivo.	Movilidad tobillo	
	Objetivos Secundarios		
Medios Técnico-Tácticos			
Jugadores	-	Campo	-
Material	-	Tiempo	4'
Explicación			

DORSIFLEXIÓN: La jugadora se coloca tal y como se muestra en la Posición 1 y desliza su peso sobre la pierna que tiene apoyada reduciendo el ángulo existente entre su empeine y su pantorrilla hasta alcanzar la Posición 2. Tras aguantar unos segundos buscando una amplitud activa del rango de movimiento de su articulación, vuelve a la Posición 1.

EXTENSIÓN PLANTAR: En este caso aplicamos el trabajo de la extensión articular del pie al trabajo muscular y tendinoso del compartimento posterior de la pantorrilla. La futbolista trabajará con gomas o cargas para activar dicha zona y aumentar el rango de movimiento de su articulación así como el control sobre la misma.

Si analizamos cuando realiza este movimiento la jugadora, será al golpear el balón o al iniciar un salto por lo que para una mayor transferencia e especificidad podemos acompañarlo de una extensión de rodilla.

*Por otro lado no podemos descuidar el resto de movimientos naturales del tobillo y toda la estructura podal en general; sin embargo, consideramos que se trata de un tema bastante mas concreto y complejo que va más allá de nuestra propuesta general.

Observaciones	Nuestra propuesta a la hora de mejorar el ROM se basará en movimientos controlados por la futbolista en todo momento. Ella debe focalizarse en la zona que esa trabajando buscando su máximo rango de movimiento activando para ello la musculatura adecuada (debe ser guiada y supervisada para evitar una mala técnica postural y de ejecución).

DORSIFLEXIÓN

POSICIÓN 2.   POSICIÓN 1.

EXTENSIÓN PLANTAR.

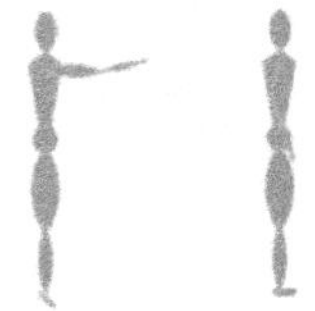

EXTENSIÓN PLANTAR CON GOMAS.

Ejercicio Nº 87	Preventivo.	Fuerza compensatoria
	Objetivos Secundarios	Propiocepción-control motor.

Medios Técnico-Tácticos		-	
Jugadores	-	Campo	-
Material	Balones.	Tiempo	20'

Explicación

Nuestra propuesta será un circuito con diferentes estaciones que podrán ser modificables y combinables en función de diversos factores. Algunos ejemplos de ejercicios son:

-Tracción horizontal con goma.

-Flexiones (inclinadas, declinadas; de pectoral, de tríceps...)

-Abducción de cadera con gomas.

-Extensión cadera con kettlebell.

-Extensiones lumbares.

-Flexión de hombro con gomas.

-Tracción vertical con goma.

-Sentadilla con barra.

-Fondos de tríceps.

Observaciones	El entrenamiento de fuerza es una herramienta necesaria independientemente del género, de la edad, o del deporte que se practique. Para una buena salud muscular, ósea y articular será necesario un adecuado entrenamiento de fuerza tanto específico y, en este caso, aplicando el concepto de fuerza compensatoria.

Tracción horizontal con goma.

Flexiones.

Abducción de cadera con goma.

Peso muerto monopodal.

Peso muerto con barra.

Flexión de hombros con goma.

Tracción vertical con goma.

Sentadilla frontal con barra.

Fondos de tríceps.

Ejercicio Nº 88	Preventivo.	Core
	Objetivos Secundarios	-

Medios Técnico-Tácticos		-	
Jugadores	-	Campo	-
Material	Balones.	Tiempo	10'

Explicación	
Press palof. Planchas dinámicas. Puente de glúteos. Rodillo. Isométricos. Flexores de cadera.	
Observaciones	Un buen control y desarrollo del Core es fundamental para el deportista. La musculatura de la cintura pélvica dota de estabilidad a la futbolista y con sus correspondientes efectos en el miembro inferior. Un abdomen fuerte, así como los glúteos, mejorarán la transmisión de fuerzas entre el miembro superior e inferior (algo fundamental en corredores). Y finalmente el trabajo de la cintura escapular dota , de la misma manera de estabilidad, cohesión y fuerza.

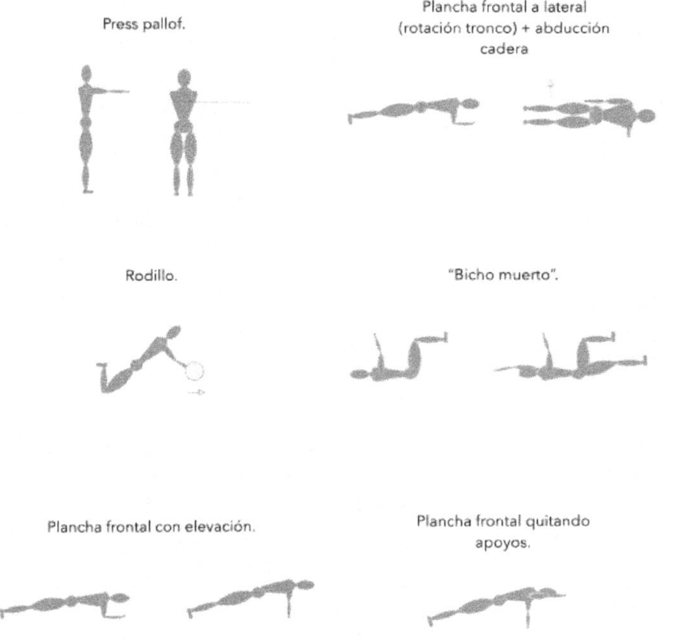

Ejercicio Nº 89	Preventivo.	Stiffness
	Objetivos Secundarios	Fuerza miembro inferior.

Medios Técnico-Tácticos		-	
Jugadores	-	Campo	-
Material	-	Tiempo	10'

Explicación

*Contracciones excéntricas y concéntricas del músculo provocan una mayor mejoría que ejercicios de un solo tipo en el incremento de la fuerza. Por otro lado, las acciones de landing y los continuos cambios de ritmo y velocidad han de tenerse en cuenta en la programación de ejercicios de fuerza aislados o bien específicos.

En este caso se proponen 3 ejercicios de fuerza funcional:

-Peso muerto con barra.

-Sentadilla con cinturón

-Bisagra.

Observaciones	La musculatura femoral se caracteriza por tener doble inserción tanto en la articulación proximal como en la articulación distal. Por lo general y en concreto con las demandas musculares propias de este deporte, tienen a producirse rigidez (falta de plasticidad) tanto en cuádriceps como en isquiotibiales provocando situaciones de riesgo en situaciones de frenada, aterrizajes o aceleraciones.

Peso muerto.

Sentadilla con cinturón.

Bisagra.

Ejercicio Nº 90	Preventivo.	Propiocepción y equilibrio
	Objetivos Secundarios	Activación neuromuscular.

Medios Técnico-Tácticos			-	
Jugadores	-	Campo		-
Material	-	Tiempo		10'

Explicación
Por parejas, saltos de cabeza con perturbación en la fase de vuelo/ ojos cerrados en el aterrizaje.

Por parejas, saltos de cabeza con perturbación en la fase de vuelo/ ojos cerrados en el aterrizaje.

Desplazamiento lateral con superficies inclinadas + salida en velocidad.

Ojos cerrados y caídas en terreno inestable/con perturbación en la fase excéntrica (landing).

Relojito. La jugadora en apoyo monopodal son semiflexión de rodilla controla su centro de gravedad moviendo la pierna libre trazando un círculo tocando el suelo "a en punto-y cuarto-y media- menos cuarto."

*Si nuestro objetivo es una mayor exigencia propioceptiva debemos recurrir a acciones como cerrar los ojos, inclinar la cabeza y/o distorsionar el estímulo visual.

Para un mayor trabajo de equilibrio podemos recurrir a superficies inestables.

En cualquier caso debemos buscar la especificidad para lograr la mayor transferencia posible al gesto final de juego.

Observaciones	Hablamos de conceptos comúnmente confundidos e incluso en la actualidad encontramos dificultad de consenso a la hora de entrenar estas capacidades. Sin embargo, en base a a los fundamentos explicados en el Anexo, proponemos estos ejercicios.

Saltos y focalización en el aterrizaje.

Saltos y focalización en el aterrizaje.

"Relojito".

Desplazamientos laterales con apoyo inclinado.

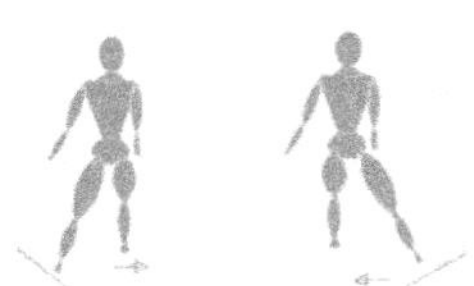

Ejercicio N° 91	Preventivo.	Trabajo musculatura pélvica
	Objetivos Secundarios	Activación neuromuscular.

Medios Técnico-Tácticos		-	
Jugadores	-	Campo	-
Material	-	Tiempo	10'

Explicación

Abducción de cadera en cuadrupedia.
Abducción de cadera en bipedestación + extensión.

Observaciones	El entrenamiento de fuerza orientado al glúteo medio da estabilidad a la cadera y rodilla siendo fundamental en el preventivo de lesiones del LCA. Por otro lado, la tendencia a una mayor activación anterior que posterior de la mujer debe ser tenida en cuenta para corregir aspectos como el valgo dinámico de la rodilla. De esta forma, se propone tareas de activación neuromuscular de la cadena posterior como calentamiento alternativo al tradicional.

Abducción de cadera en cuadrupedia.

Flexión-ABD-Extensión.

Ejercicio N° 92	Preventivo.	Arrancadas, frenadas, cambios de dirección.
	Objetivos Secundarios	Mejoras cardiorrespiratorias y de control motor. Activación neuromuscular.

Medios Técnico-Tácticos			
Jugadores	-	Campo	-
Material	Delimitadores del espacio	Tiempo	17'

Explicación
Situamos 2 círculos concéntricos de distinto tamaño con setas/conos. Las jugadoras se reparten por el círculo de mayor tamaño y siguen las indicaciones del PF. Introduciremos desplazamientos en todas las direcciones, apoyos a una pierna, cambios de ritmo, estímulos cognitivos, etc. Incluyendo el cambio rápido entre un círculo y otro como un estímulo más.

Observaciones	Una buena activación y control de la musculatura del muslo reduce considerablemente momentos de riesgo en la rodilla. Nos centramos en movimientos que activen las fibras musculares (tanto tipo I como tipo II) y metemos cambios de dirección y de ritmo así como frenadas y aterrizajes para preparar al organismo para las acciones que se pueden desarrollar en el juego y sin una correcta predisposición muscular puede dejar la articulación comprometida.

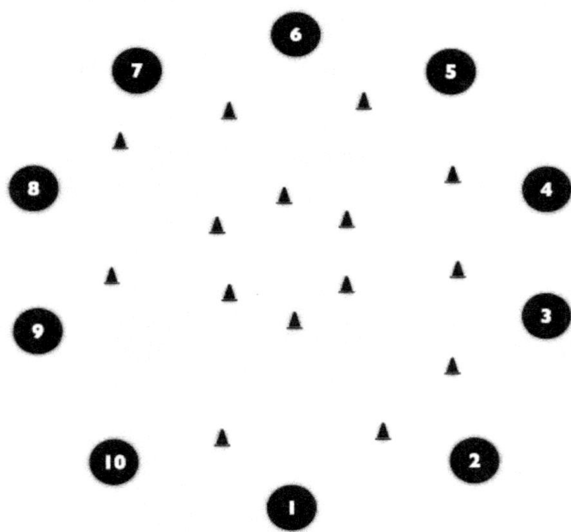

Ejercicio Nº 93	Objetivo técnico-táctico ppal.	Arrancadas, frenadas, cambios de dirección.
	Objetivos Secundarios	Trabajo de fuerza y control motor.

Medios Técnico-Tácticos			
Jugadores	-	Campo	-
Material	Un cajón/step/banco...	Tiempo	10'

Explicación

La jugadora, se deja caer desde la superficie de mayor altura y cae flexionando cadera-rodilla-tobillo, con una base de sustentación amplia.

*A partir de ahí podemos modificar el gesto para dotar a la tarea de mayor especificidad. Por ejemplo: En la fase de vuelo tiene que simular un cabeceo.

Observaciones: Introducir el Drop Jump en nuestros circuitos puede ser una herramienta muy interesante para trabajar las fases de aterrizaje y frenada. Una buena técnica específica puede mejorar considerablemente la técnica de carrera así como evitar situaciones de debilidad que en un partido pueden ser agravadas con una perturbación (choque) que comprometa la seguridad de la rodilla. Si además lo combinamos con una fase pliométrica, estímulos cognitivos, distorsiones, superficies inestables, etc. dotaremos a la tarea de una situación más real.

Drop jump

Ejercicio Nº 94	Preventivo.	Pliometría.
	Objetivos Secundarios	Técnica de carrera, activación neuromuscular.

Medios Técnico-Tácticos		-	
Jugadores		Campo	
Material	Balones.	Tiempo	10'

Explicación

Ejercicios pliométricos:
- -Squat jump.
- -Zancada con salto.
- -Skiping alto en tándem.
- -Saltos verticales con rodilla y cadera bloqueadas.

Observaciones	La pliometría es un trabajo muscular que requiere la activación de fibras tipo II. Se basa en contracciones excéntricas seguidas de una contracción concéntrica. Hablamos de ejercicios de alta intensidad que pueden resultar muy lesivos si no son utilizados adecuadamente. Nuestra propuesta se basa en introducir pequeñas fases dentro de una tarea, postas dentro de un circuito o en la activación.

Squat jump.   Zancada con salto.

Skiping alto.   Multisaltos rodilla y cadera bloqueadas.

Ejercicio N° 95	Objetivo técnico-táctico ppal.	Técnica de carrera
	Objetivos Secundarios	Fuerza explosiva, coordinación, velocidad

Medios Técnico-Tácticos		-	
Jugadores	-	Campo	-
Material	Conos/setas/vallas...	Tiempo	10'

Explicación

Las jugadoras realizan un circuito con distintos tipos de desplazamientos. Tenemos la premisa general de "mínimo contacto con el suelo)". Pueden recuperar cuando terminan de ejecutar la repetición (vuelven trotando).

Primer ejercicio: Skiping pierna derecha-contra skiping pierna izquierda.

Segundo ejercicio: Saltos frontales monopodales pierna derecha- skiping pierna izquierda.

Tercer ejercicio: Zancada + progresivo 3 m.

* Termino el primero y voy al segundo. Termino el segundo y voy al tercero. (X6).

Observaciones	La técnica de carrera es un importante elemento preventivo si lo llevamos a la especificidad del fútbol. Malos patrones de movimiento a la hora de desplazarse pueden perjudicar a la futbolista aumentando su probabilidad de lesión o disminuyendo su rendimiento.

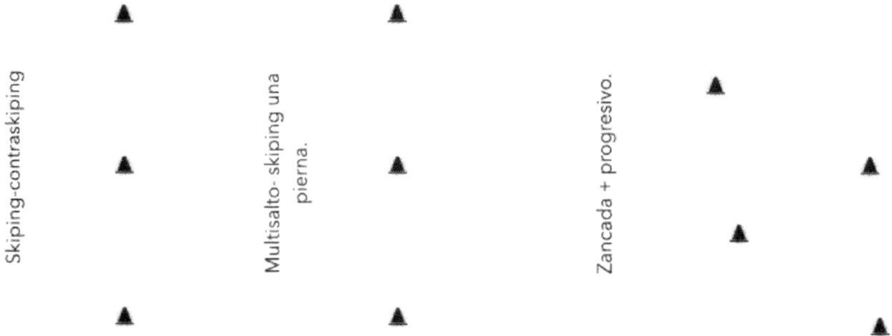

Ejercicio Nº 96	Objetivo técnico-táctico ppal.	Fuerza explosiva tren inferior.
	Objetivos Secundarios	

Medios Técnico-Tácticos			
Jugadores		Campo	
Material	Balón medicinal.	Tiempo	10'

Explicación

Split con balón medicinal.

La jugadora sostiene el peso con una rodilla en el suelo y la otra manteniendo 90° en cadera-rodilla-tobillo. Levanta el muslo que tenia en contacto con el suelo a la máxima velocidad controlada hasta la posición 2 e inmediatamente, desde esa postura, cambia el apoyo.

Observaciones	Trabajo pliométrico. Técnicas explosivas de este tipo, con la correcta ejecución técnica ayuda a la futbolista a tener una correcta predisposición al momento de juego así como a la adquisición de patrones de movimiento óptimos para el rendimiento y, por supuesto ganancias de fuerza útiles y con transferencia.

Ejercicio N° 97	Objetivo técnico-táctico ppal.	Fuerza tren inferior (pliometria, trabajo excéntrico)
	Objetivos Secundarios	

Medios Técnico-Tácticos		-	
Jugadores	-	Campo	-
Material	Superficie inclinada.	Tiempo	10'

Explicación

Desplazamientos con salto lateral + sprint (más beneficios y transferencia).

La jugadora realiza desplazamientos laterales impulsándose con la pierna más lejana al lado al que va a desplazarse. El apoyo lo realiza con la pierna más cerca. Es importante que en la fase del *landing* tenga un buen gesto técnico para mantener la estabilidad y la linealidad en su tobillo.

Los desplazamientos han de ser la máxima velocidad **controlada**. De nada sirve realizar estos gestos si las posiciones articulares son erróneas durante la ejecución del mismo por muy rápido que lo esté haciendo.

Observaciones	Como mencionamos en otros ejercicios, no podemos perder la especificidad de nuestro deporte en el entrenamiento de las cualidades físicas. Este ejercicio puede ser un ejemplo. Nuestra propuesta consiste en combinar la tarea pliométrica y propioceptiva con posibles situaciones reales de juego (sprint, choques, saltos...)

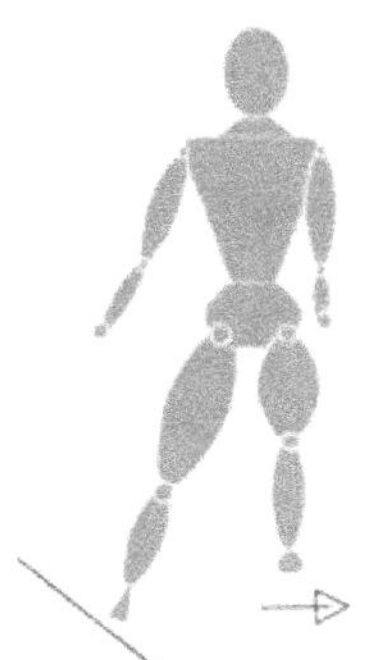
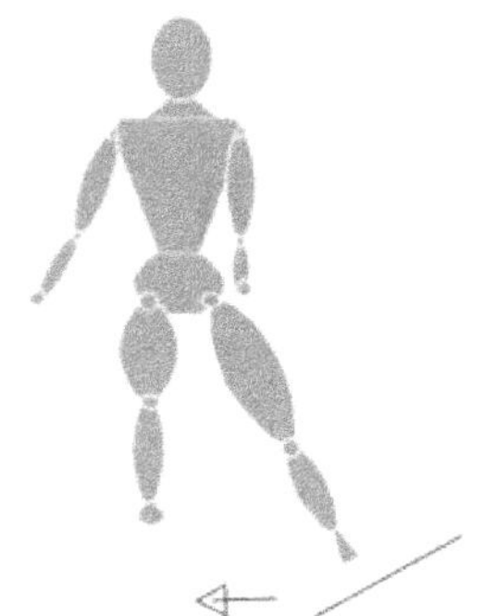

Ejercicio Nº 98	Objetivo técnico-táctico ppal.	Fuerza explosiva tren inferior
	Objetivos Secundarios	Activación.

Medios Técnico-Tácticos		-		
Jugadores	4 grupos	Campo	-
Material	Balones.	Tiempo	10'

Explicación

Dividimos a las jugadoras en 4 grupos. Mientras que un grupo trabaja en el circuito de fuerza. Los otros 3 se distribuyen en 2 rondos a un toque (descanso activo).

El circuito se compone de 3 estaciones que se harán una detrás de la otra y con todas las jugadoras del subgrupo trabajando a la vez.

1. Sentadilla búlgara + multisalto monopodal.
2. Squat jump lateral.
3. Aceleración-desaceleración conos.

Observaciones	Como mencionamos en otros ejercicios, no podemos perder la especificidad de nuestro deporte en el entrenamiento de las cualidades físicas. Este ejercicio puede ser un ejemplo. Nuestra propuesta consiste en combinar la tarea pliométrica y propioceptiva con posibles situaciones reales de juego (sprint, choques, saltos...)

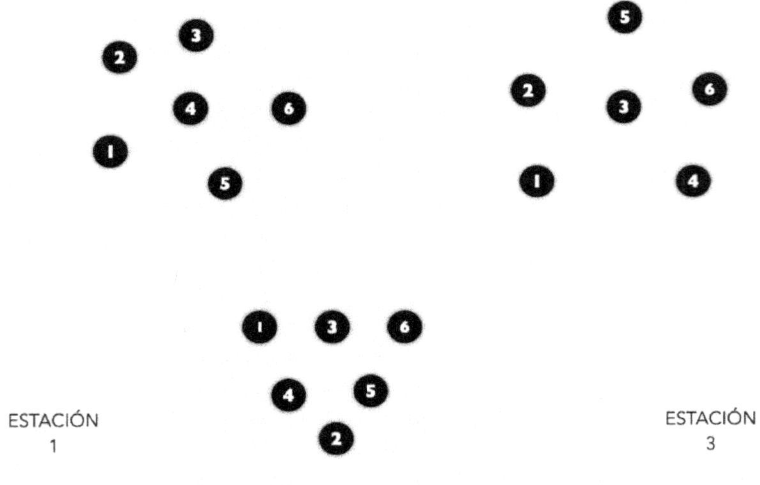

Ejercicio Nº 99	Objetivo técnico-táctico ppal.	Propiocepción.
	Objetivos Secundarios	Trabajo pliómetrico (técnica del salto-landing)

Medios Técnico-Tácticos			-
Jugadores	Grupos de 3.	Campo	-
Material	Fitball	Tiempo	10'

Explicación

La jugadora 1 salta a cabecear el balón que le pasa con las manos la jugadora 2. En el salto y de una manera controlada, la jugadora 3 perturba el salto de su compañera. El objetivo es que la jugadora que cabecea salte y caiga de una forma optima para su seguridad y rendimiento.

*Cuanto más "distraigamos" su percepción visual y de equilibrio más aspectos propioceptivos estaremos entrenando.

Observaciones

Al igual que las acciones de arrancadas-frenadas y giros, los saltos y aterrizajes resultan tremendamente lesivos en fútbol (más si hablamos de la alta probabilidad de lesión en LCA en mujeres). Es por ello la importancia de tener buenos patrones de movimientos aprendidos y, en definitiva, un buen control motor en cualquier situación de juego.

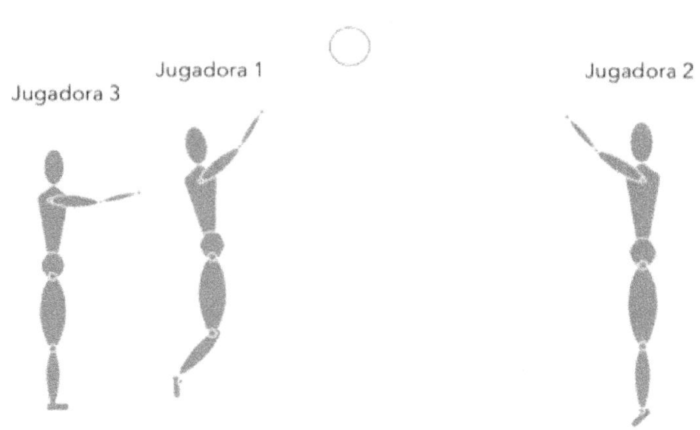

Ejercicio Nº 100	Objetivo técnico-táctico ppal.	Propiocepción.	
	Objetivos Secundarios	Trabajo pliómetrico (técnica del salto-landing)	
Medios Técnico-Tácticos		-	
Jugadores	Grupos de 2.	Campo	-
Material	Bosu.	Tiempo	10'
Explicación			

La jugadora 1 recibe un pase de la jugadora 2 para cabecear. Al caer, apoyara con el máximo control de movimiento sobre un bosu e iniciara un progresivo de 3 m.

Cambio cada 3 jugadoras.

Observaciones	Al igual que las acciones de arrancadas-frenadas y giros, los saltos y aterrizajes resultan tremendamente lesivos en fútbol (más si hablamos de la alta probabilidad de lesión en LCA en mujeres). Es por ello la importancia de tener buenos patrones de movimientos aprendidos y, en definitiva, un buen control motor en cualquier situación de juego.

Jugadora 1 (en salto)

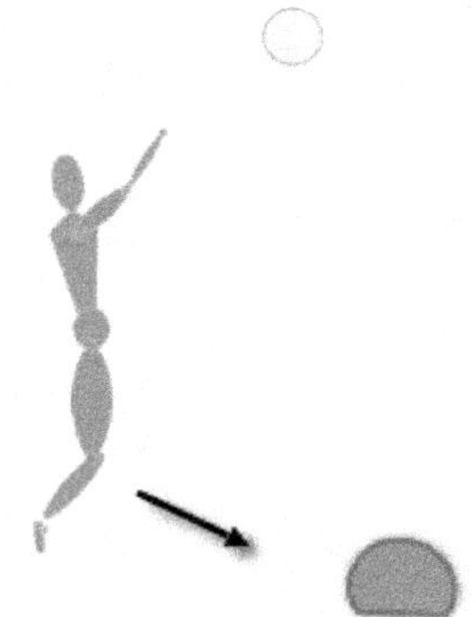

9 788418 486838